Psychoanalyse
und verwandte Verfahren

Stefan Zettl

Psychoanalyse und verwandte Verfahren

Verstehen und überwinden unbewußter Konflikte

Die Deutsche Bibliothek - CIP-Einheitsaufnahme

Zettl, Stefan:
Psychoanalyse und verwandte Verfahren : verstehen und
überwinden unbewusster Konflikte / Stefan Zettl. - Mannheim
: PAL, 1992
  (Therapieverfahren unserer Zeit)
  ISBN 3-923614-54-3

Inhaltsverzeichnis

Vorwort

Vielleicht haben Sie das Bedürfnis, sich über die Psychoanalyse näher zu informieren oder denken daran, sich selbst in eine psychoanalytische Behandlung zu begeben. Was erwartet Sie, wenn Sie eine Analyse beginnen und in welchen Fällen ist sie für Sie unter der großen Zahl angebotener Psychotherapieverfahren die sinnvollste Methode?

Die Psychoanalyse hat viele Gesichter. Dieses Buch bietet Ihnen einen Überblick über ihren aktuellen Stand sowie die aus ihr entwickelten unterschiedlichen speziellen Anwendungsformen: Der klassischen Analyse im Liegen, der tiefenpsychologisch fundierten Einzelpsychotherapie im Sitzen, der analytischen Paar- und Familientherapie oder der Gruppenanalyse. Zahlreiche Fallbeispiele verdeutlichen Ihnen das Vorgehen und den Verlauf einer psychoanalytischen Behandlung sowie ihre Wirkungsweise. Es informiert Sie außerdem über formale Voraussetzungen für eine Kostenübernahme durch die Krankenkassen und gibt Hinweise, wie Sie einen qualifizierten Therapeuten und einen Behandlungsplatz finden können.

– 1 –
Psychoanalyse heute

Die Psychoanalyse wurde von dem Wiener Arzt SIG-MUND FREUD (1856-1939) begründet; da sie ihren Behandlungsschwerpunkt auf die Auseinanderset-zung mit den unbewußten innerseelischen Prozessen legt, wird sie auch als „Tiefenpsychologie" bezeichnet.

Der Wiener Arzt Dr. JOSEF BREUER behandelte 1880 ein Mädchen, das unter einer Vielzahl von kör-perlich nicht erklärlichen Krankheitssymptomen wie Taubheit, einer Eßstörung sowie Lähmungen der Arme und Beine litt. Dabei beobachtete er, daß die Patientin im Trancezustand oder in Hypnose einen Teil ihrer Symptome erfolgreich „wegerzählen" konnte und die Beschwerden nach dem Aufwachen verschwunden waren. Er berichtete seinem Kollegen FREUD von der „Redekunst", die dieser in den fol-genden Jahren zur Methode der Psychoanalyse wei-terentwickelte.

Die grundlegende Erkenntnis, die beide aus den von ihnen behandelten Fällen gewannen: Viele körper-lich nicht zu erklärende Krankheitssymptome wer-den durch unzureichend bewältigte seelische Kon-flikte ausgelöst. Statt z.B. auf eine Kränkung mit Är-ger oder Rachegefühlen zu reagieren, werden diese Empfindungen und Handlungsimpulse ins Unbe-wußte verdrängt.Dadurch werden jedoch psychische oder physische Krankheitssymptome ausgelöst.

1895 veröffentlichten BREUER und FREUD ihre Erfahrungen in dem Buch „Studien über Hysterie"; 1896 prägte FREUD die neue Behandlungsform mit dem Namen „Psychoanalyse" und veröffentlichte bis zu seinem Tod eine Vielzahl von Schriften zu ihrer Theorie und Behandlungstechnik.

Die Psychoanalyse hat bis heute eine ununterbrochene Weiterentwicklung erfahren und viele ihrer Erkenntnisse sind zum Allgemeingut geworden. FREUD's Lebenswerk stellt eine der großen wissenschaftlichen und weltanschaulichen Leistungen dieses Jahrhunderts dar und hat das Denken, Fühlen und Handeln vieler Menschen weltweit und nachhaltig geprägt. Der Ödipuskomplex, die Freud'schen Fehlleistungen (z.B. Versprecher), die Traumdeutung oder Erkenntnisse über die kindliche Sexualität sind allgemein bekannt gewordene Bestandteile der psychoanalytischen Theoriebildung.

Seit ihrer Entwicklung ist die Psychoanalyse umstritten und hat bei Kritikern immer wieder heftige Widersprüche ausgelöst. Bereits enge Schüler FREUD's wie ALFRED ADLER oder CARL GUSTAV JUNG haben zentrale Konzepte ihres Lehrers in Frage gestellt und eigene Theorien und Therapieschulen entwickelt. Die kritische Auseinandersetzung hält bis heute unvermittelt an: so spricht beispielsweise der ZEIT-Redakteur DIETER ZIMMER (1986) im Zusammenhang mit der Psychoanalyse von einem „Tiefenschwindel" und von „Wahrsagerei für Intellektuelle", die wissenschaftlich in keiner Weise haltbar sei. Diese Kritik knüpft insbesondere an der fehlenden naturwissenschaftlichen Überprüfbarkeit der psychoanalytischen Hypothesen an. Psychoanalytiker halten dem entgegen, daß das menschliche Seelenleben zu komplex und in sich widersprüchlich sei, um es mit den klassischen naturwissenschaftlichen Forschungsmethoden erfassen und überprüfen zu können. Kritik wird auch an mehreren theoretischen Grundannahmen FREUD's geübt, z.B. seinen Auffassungen zur weiblichen Sexualität oder der Annahme eines dem Menschen zugehörigen Todestriebes. Diese Überlegungen sind nach dem heutigen Erkenntnisstand nicht mehr haltbar und wurden revidiert. Weiterentwicklungen des ursprünglich von FREUD entwickelten Standardverfahrens machen heute die Behandlung von Krankheitsbildern wie Borderline-Störungen oder Suchterkrankungen möglich. Ebenso haben die Ergebnisse der Säuglingsbeobachtung der letzten zehn Jahre zu einer schrittweisen Wandlung der psychoanalytischen Theoriebildung beigetragen. Die Psychoanalyse ist einem ständigen Wandel unterworfen - so wie sich z.B. auch die Chirurgie seit den Entdeckungen von FERDINAND SAUERBRUCH weiterentwickelt hat.

2
Die psychoanalytische Persönlichkeitstheorie

Unser Leben wird nur zu einem Teil von bewußten Überlegungen und Absichten beherrscht; vieles von dem, was wir empfinden oder tun, wird nicht von der Vernunft, sondern uns unbewußten Motiven gesteuert. Diese Auffassung wurde bereits vor der Begründung der Psychoanalyse von Philosophen wie SCHOPENHAUER oder NIETZSCHE vertreten. Sie stellt jedoch auch eine der zentralen Grundannahmen der Psychoanalyse dar und ermöglicht es, neben vielen zunächst „sinnlos" erscheinenden Alltagsphänomenen wie unseren nächtlichen Träumen, Fehlleistungen wie dem Sich-Versprechen, Vergessen von Namen und Verlegen von Gegenständen auch die Entstehung seelischer Krankheiten zu verstehen. FREUD eröffnete einen systematischen Zugang zum menschlichen Unbewußten und entwickelte eine darauf beruhende Methode zur Therapie von Neurosen. Seine Nachfolger haben die ursprünglichen Behandlungskonzepte überarbeitet und eigene Gedanken hinzugefügt, so daß inzwischen ein auch für Psychoanalytiker nur noch schwer zu überblickendes, differenziertes Theoriengebäude entstanden ist. In den folgenden Abschnitten folgt daher nur ein Überblick über die wichtigsten Hypothesen aus dem Bereich der psychoanalytischen Persönlichkeitstheorie und

Krankheitslehre, die sich in der klinischen Alltagspraxis erfolgreich bewährt haben.

Das strukturelle Persönlichkeitsmodell:

Psychoanalytiker versuchen, sich die innerseelischen
Prozesse eines Menschen in einem „strukturellen
Modell" vorzustellen: Sie nehmen an, daß die
menschliche Persönlichkeit durch drei unterschiedliche Substrukturen aufgebaut ist: das „Über-Ich", das
„Ich" und das „Es". Das Über-Ich und das zugehörige „Ich-Ideal" werden durch unsere Erziehungsein-
flüsse geformt und beinhalten normative Wertvor-
stellungen und Ideale. Umgangssprachlich werden
diese Persönlichkeitsanteile häufig „Gewissen" und
„Ideale" eines Menschen genannt. Ihnen gegenüber
steht das Es, der Bereich unserer triebhaften Grund-
bedürfnisse und Handlungsimpulse (z.B. Bedürfnisse nach Liebe, Bindung, Sexualität, Haß oder Ge-
walt). Das Ich als dritte Instanz versucht, zwischen
den basalen Bedürfnissen und Ansprüchen des Es einerseits sowie den Verboten und Idealen des Über-
Ichs andererseits zu vermitteln. Durch die unterschiedlichen Anforderungen von beiden Seiten sowie
die hinzukommenden Forderungen der Realität resultieren Konflikte, die das Ich in Form von Kompromiß-
bildung zu lösen versucht. Ein bedeutsames Hilfsmittel
stellen dabei die Abwehrmechanismen dar, durch
deren (unbewußten) Einsatz das Ich Konfliktsituationen entschärfen und teilweise bewältigen kann.

Die Verdrängung und die Abwehrmechanismen:
Die Inhalte des Unbewußten werden durch eine innere „Zensur" vom Bewußtsein ferngehalten. Dies ist notwendig, weil viele der im Unbewußten existierenden Vorstellungen und Impulse uns unzumutbar, anstößig oder auch verboten erscheinen. Die Zensur, mit dem Begriff „Verdrängung" gekennzeichnet, sorgt für unser inneres Gleichgewicht, indem sie uns unerträglich erscheinende sexuelle Wünsche, Haßgefühle oder auch Erinnerungen an uns zutiefst kränkende oder verletzende Situationen abwehrt und ihren Zutritt zu unserem Wachbewußtsein versperrt. Der Vorgang der Verdrängung ist zunächst nichts Krankhaftes - jeder Mensch setzt diesen Mechanismus ein, um sein seelisches Wohlbefinden aufrechtzuerhalten. Wir können ihn bereits bei Kleinkindern beobachten, die Empfindungen und Wünsche „aufgeben", d.h. verdrängen, um nicht in unerträgliche Konflikte mit ihren Eltern zu geraten.

Die Verdrängung stellt einen Sammelbegriff für eine Reihe unterschiedlicher Mechanismen dar, die alle dazu verwandt werden, das Auftauchen bedrohlicher, beschämender oder beänstigender Inhalte im Bewußtsein zu verhindern. Sie werden als „Abwehrmechanismen" bezeichnet und wurden erstmals von ANNA FREUD (1936) systematisch beschrieben. Der Ursprung der Abwehrmechanismen ist Angst, die wir alle zum ersten Mal in unserem Leben als „Urangst" während der Geburt erlebt haben und die von

diesem Zeitpunkt an als Gefahrensignal Abwehrre-
aktionen auslöst. Einige der wichtigsten Abwehrfor-
men wollen wir uns nun näher anschauen, da sie zum
Verständnis seelischer Konflikte und daraus resultie-
render Erkrankungen von zentraler Bedeutung sind.

Abwehrmechanismen

Verleugnung:
Der Betroffene geht mit emotionalen Konflikten in der
Weise um, daß er die Wahrnehmung einiger Aspekte
der äußeren Realität bzw. seines Erlebens vermeidet,
die anderen offensichtlich wären. Die Verleugnung
vermeidet das Zulassen und Bewußtwerden einer bedrohlichen Empfindung oder Vorstellung.
Eine Ehefrau verleugnet z.B. die Wahrnehmung von
beunruhigenden Hinweisen darauf, daß ihr Mann
eine außereheliche Beziehung unterhält, obwohl es
ihrem Bekanntenkreis unübersehbar erscheint.

Projektion:
Nicht zugelassene Gefühle, Wünsche, Absichten
oder Gedanken werden fälschlicherweise anderen
zugeschrieben; das Bedrohliche wird also nach außen
verlegt und so wahrgenommen, als ob es auch von
außen käme.
Ein Mann vermutet z.B. ständig bei anderen, ihn um-
gebenden Menschen „schmutzige sexuelle Phantasien". Unbewußt versucht er, sich selbst durch die
Projektion ihm verbotener und bedrohlich wirkender
sexueller Wünsche und Phantasien zu schützen.

Rationalisierung:

Der Betroffene gibt Erklärungen für sein eigenes Verhalten oder das Verhalten anderer, die „vernünftig" erscheinen, aber gleichzeitig die wahren zugrundeliegenden Motive verbergen. Er gebraucht also den Abwehrmechanismus, um das Motiv vor sich selbst unbewußt zu halten.

Ein Mann kauft sich einen schnellen Sportwagen und begründet dies mit der Notwendigkeit, er müsse wegen seiner zahlreichen Geschäftstermine Autofahrzeiten sparen. Hinter diesem zunächst einleuchtend erscheinenden Grund verbirgt sich ein ihm unbewußtes Motiv: Der Wunsch, durch den Kauf des Sportwagens seine eigene Attraktivität und Potenz zu erhöhen.

Bagatellisierung:

Die Bedrohlichkeit einer bestimmten Vorstellung, Empfindung oder Intention wird heruntergespielt - sie erscheint durch die Abwehrleistung wesentlich weniger beunruhigend und in ihrer Gefährlichkeit für das Individuum entschärft.

Ein Patient vermeidet das Auftauchen schmerzlicher Gefühle im Zusammenhang mit der Erinnerung an harte körperliche Strafen durch seine Eltern mit dem verharmlosenden Kommentar: „Es wird schon nicht so schlimm gewesen sein - es hat mir ja offensichtlich nicht geschadet!"

Reaktionsbildung:
Der Betroffene vermeidet ihm nicht akzeptabel erscheinende Gedanken, Gefühle oder Handlungsimpulse, indem er sich genau entgegengesetzt verhält. Durch das Ersetzen der ursprünglichen unakzeptablen Empfindungen werden insbesondere Schuldgefühle vermieden.
So mag eine Frau ihre ursprüngliche Wut auf ihren ständig an ihr herumnörgelnden Vorgesetzten durch eine besonders betonte Freundlichkeit „ersetzen".

Verschiebung:
Ein Gefühl oder ein Handlungsimpuls gegenüber einer Person wird auf eine andere, gewöhnlich weniger bedrohliche Person oder ein anderes Objekt „verschoben". Dieser Abwehrmechanismus erlaubt den Ausdruck des ursprünglichen Gefühls - aber gegenüber einem veränderten Ziel.
Nehmen wir an, ein Mann wird von seinem Vorgesetzten in abwertender und verletzender Weise kritisiert. Die in ihm auftauchende Wut kann er ihm gegenüber nicht zeigen. Er „verschiebt" sie statt dessen auf seinen Kollegen, der die ursprünglich dem Chef geltende Wut zu spüren bekommt.

Konversion:
Ein seelischer Konflikt wird in ein körperliches Symptom übergeführt, das häufig den Konflikt in symbolischer Weise zum Ausdruck bringt.
So mag eine Patientin vorübergehend „erblinden",

um eine für sie unerträgliche Situation nicht sehen zu müssen.

Wendung gegen die eigene Person:
Aggressive Impulse werden gegen die eigene Person gerichtet, indem sie sich anklagt, herabsetzt, verletzt oder beschuldigt. Die urspünglich auf einen anderen Menschen gerichteten aggressiven oder sadistischen Gefühle werden auf diese Weise von dieser abgelenkt.
Eine Frau kratzt sich z. B. selbst blutig, nachdem sie von ihrer Mutter in für sie demütigender Weise verletzt worden war.

Ausagieren:
Der Betroffene geht mit emotionalen Konflikten in der Weise um, daß er handelt, ohne über sein Handeln nachdenken zu müssen oder ohne erkennbar dessen negative Konsequenzen zu berücksichtigen. Gefühle, Wünsche oder Impulse werden also unter Mißachtung persönlicher oder sozialer Folgen in unmittelbares Handeln umgesetzt; Ziel des Ausagierens ist es vor allem, bedrohliche Gefühle oder Impulse nicht aushalten zu müssen.
So begeht ein Junge vielleicht mehrere Ladendiebstähle, um tiefgreifende Gefühle des Nicht-Geliebtwerdens und der inneren Leere abzuwehren.

Jeder Mensch verfügt über eine Vielzahl von Abwehrmechanismen, die er je nach Situation und abzuwehrendem Inhalt unbewußt einsetzt. Dabei bevorzugt jeder entsprechend seiner Charakterstruktur bestimmte Formen, sodaß eine Person auch durch die von ihr angewandten Abwehrmechanismen (ähnlich einem typischen Fingerabdruck) beschrieben werden kann.

Die abgewehrten Inhalte werden durch den Prozess der Verdrängung jedoch nicht ausgelöscht, sondern behalten auch im Unbewußten ihre Kraft und drängen danach, ihre Wirksamkeit zu entfalten. Es bedarf ständiger Anstrengungen, die Verdrängung erfolgreich aufrechtzuerhalten. Im alltäglichen Leben beobachten wir eine Reihe von Phänomenen, die durch den Durchbruch uns unbewußter Regungen zustande kommen, z. B. die von FREUD beschriebenen „Fehlleistungen". Es handelt sich dabei um unbeabsichtigte Phänomene wie das Sich-Versprechen, Vergessen von Namen, Verlegen von Gegenständen usw. Während viele Menschen diese Erscheinungen als zufällig und bedeutungslos ansehen, kam FREUD zu der Überzeugung, daß auch hier unbewußte Quellen wirksam werden. Dazu zwei Beispiele:

Eine Frau berichtet über ihren Krankenhausaufenthalt und das Aufklärungsgespräch mit dem behandelnden Chirurgen vor einer geplanten Operation: „Spontan war ich nicht dazu bereit, meine Einwilligung zu diesem *An*griff - ich wollte sagen, zu diesem *Ein*griff zu geben." - In dem Versprecher wird deutlich, wie die Patientin den geplanten operativen Eingriff erlebt: Als einen bedrohlichen Angriff auf ihre körperliche Integrität.

Ein Mann verlegt „aus Versehen" seinen Ehering und findet ihn trotz intensiven Suchens nicht mehr. In der bereits laufenden psychotherapeutischen Behandlung wird später deutlich, daß das Ablegen bzw. Verlegen des Eherings keinen Zufall darstellt, sondern Ausdruck unbewußter Trennungsabsichten ist.

Die Persönlichkeitsentwicklung

Die Ausbildung der seelischen Strukturen des Ich und Über-Ich sind wesentlicher Bestandteil der Entwicklung einer eigenen Persönlichkeit. Sie entstehen vor allem über den Mechanismus der *„Identifizierung"*: Persönlichkeitsanteile von wichtigen Bezugspersonen, insbesondere der Eltern und Geschwister, werden übernommen und mit dem eigenen Selbstbild verschmolzen.

Ein *Fallbeispiel* soll das verdeutlichen:

Einem Patienten wird im Lauf seiner Behandlung bewußt, daß er sich seinen Kindern gegenüber in ähnlicher Weise autoritär verhält, wie er es bei seinem Vater erlebt hat: „Ich kann es im Grund nicht glauben: Ich habe als kleiner Junge so darunter gelitten, wenn mein Vater mich anschrie, nur weil ich im Kinderzimmer nicht richtig Ordnung gemacht hatte - und jetzt verhalte ich mich zu Hause ebenso. Wenn ich in das Zimmer von meinem Sohn komme und die Spielsachen herumfliegen sehe, steigt in mir eine unheimliche Wut hoch und ich kann dann gar nicht anders, als ihn anzuschreien."

Der Patient hat sich mit dieser Persönlichkeitseigenschaft des Vaters unbewußt identifiziert; sie ist Teil seines Über-Ichs geworden, das jetzt gegenüber dem eigenen Kind Unordnung nicht zulassen kann und streng bestraft.

Unsere Vorstellung von uns selbst, unsere Identität, setzt sich aus einer Vielzahl unterschiedlicher Identifizierungen zusammen; im Regelfall erinnern wir uns nicht mehr bewußt daran, von wem wir welche Persönlichkeitsmerkmale in uns aufgenommen haben. Die verinnerlichten Anteile können nicht nur bewußte, sondern auch unbewußte Wünsche und Einstellungen der primären Bezugspersonen darstellen.

Die Entdeckung der prägenden und bis ins Erwachsenenalter fortwirkenden Bedeutung der frühen Kindheitserfahrungen ist eine der folgenreichsten Beiträge FREUD's zum Verständnis menschlichen Verhaltens. Das Kind lernt von seinen primären Bezugspersonen, verinnerlicht Botschaften über sich selbst und die Welt, über Beziehungsformen zu anderen Menschen, über Erwartungen und Werte, an denen es sich orientieren soll. Die Botschaften der Eltern werden zu inneren Stimmen und schließlich zu Teilen des eigenen Selbst.

In den folgenden Abschnitten werden wichtige Entwicklungsphasen der Kindheit und der mit ihnen verbundenen Grundkonflikte näher beschrieben. Der Verlauf dieser Lebensabschnitte kann sowohl zu einer gesunden und unauffälligen oder einer neurotischen Fehlentwicklung beitragen.

Wichtige Abschnitte
der Persönlichkeitsentwicklung

Wie die Ergebnisse von Säuglingsforschungen belegen, besitzen wir bereits bei Geburt ein außerordentlich komplexes Nervensystem; Babies beginnen von der allerersten Stunde nach der Geburt an zu lernen und sich mit ihrer Umwelt aktiv auseinanderzusetzen. Es scheint sogar so zu sein, daß diese Lernprozesse bereits vom Foetus im Mutterleib vollzogen werden. So erkennt der Säugling die Stimme, den Geruch und den Herzschlag seiner Mutter und kann sie von denen anderer Menschen unterscheiden. In den ersten Lebenswochen und Monaten findet mit ihr ein intensiver Austausch statt. Dabei verfügen die Säuglinge durch die Hin- bzw. Abwendung des Blicks zur Mutter über selbstregulierende Rhythmen, in denen von Anfang an Bedürfnisse nach liebevoller Nähe und Bedürfnisse nach Trennung miteinander abwechseln. Die entstehende Bindung zwischen Mutter und Kind ist sicherlich die intensivste und folgenreichste im Leben eines Menschen. Sie bildet die Grundlage für den Aufbau der inneren Welt des Kindes und beeinflußt die Qualität aller Beziehungen, die es im Laufe seines Lebens zu anderen Personen aufnehmen wird.

Störungen in der Beziehung zwischen einer Mutter und ihrem Kind können langfristige Auswirkungen auf die Persönlichkeitsentwicklung des Kindes haben.

So kann ein ablehnendes Verhalten der Mutter oder Vernachlässigung die Ausbildung eines *„Urvertrauens"* behindern. Ebenso können aber auch Zudringlichkeit und Überfürsorge zu Problemen führen, wenn die Mutter über zu geringe Einfühlung in die kindlichen Selbstregulierungsversuche von Nähe und Distanz verfügt. Ablehnende Gefühle können sich auch auf bestimmte sich ausprägende Persönlichkeitseigenschaften des Kindes beziehen, z. B. seine zunehmende Selbständigkeit (Autonomie) oder seine sich langsam entwickelnde sexuelle Kernidentität. Ein *Fallbeispiel* soll das verdeutlichen:

Ein 32jähriger Patient kommt wegen Erektionsstörungen in psychoanalytische Behandlung. Im Lauf der Therapie wird folgende Ursache erkennbar: Die Mutter des Patienten hatte in ihrer eigenen Erziehung die Botschaft vermittelt bekommen: „Männer wollen nur das eine, und das ist schmutzig und widerwärtig!" Sie wurde später selbst ungewollt schwanger und erlebte die sexuellen Forderungen ihres Ehemannes als Ursache ihrer Ängste und Nöte. Die daraus resultierende sexuelle Zurückweisung des Ehemannes veranlaßte diesen kurze Zeit nach der Geburt des Patienten, seine Frau zu verlassen und ihr die Erziehung des Kindes zu überlassen. Ihre eigenen frustrierenden Erfahrungen im sexuellen Bereich gab die Mutter unbewußt an ihren Sohn weiter: „Verhalte dich einer Frau gegenüber immer wie ein Kavalier, aber sei sexuell nicht zudringlich - es ist für eine Frau eine Zumutung, solche Wünsche erfüllen zu müssen." Der Patient konnte unter diesen Umständen keine gesicherte männliche Identität entwickeln, zumal ihm der Vater als positives Vorbild fehlte. In seinen Liebesbeziehungen vermied er daher sexuelle Kontakte, weil er sie unbewußt als verboten und unzumutbar erlebte.

Die Erektionsstörung war symbolischer Ausdruck dieser verinnerlichten Einstellung - obwohl der Patient bewußt den Wunsch nach befriedigenden sexuellen Beziehungen empfand.

Die Annahme *psychosexueller Entwicklungsphasen* in der Kindheit stießen in Wien zu Beginn dieses Jahrhunderts auf empörten Widerspruch. FREUD postulierte drei Zeitabschnitte, in denen zunächst orale, danach anale und schließlich phallische Triebwünsche vorherrschen. Er war der Überzeugung, daß während dieser Phasen jeweils andere Körperregionen eine besondere Rolle in der Auseinandersetzung mit sich selbst und der Umwelt spielen. Ein Säugling strebt nicht nach sexueller Befriedigung erogener Zonen, aber es kann heute kein Zweifel mehr daran bestehen, daß bereits Kinder intensive und lustvoll getönte Körperempfindungen verspüren. Übermäßige Verwöhnung, ein Mangel oder auch eine angeborene Disposition können den Übergang von einer Phase zur anderen behindern und Entwicklungsdefizite verursachen. So können aus übermäßigen Frustrationen in der oralen Phase ausgeprägte Versorgungswünsche im Erwachsenenalter resultieren: Der Betreffende erlebt in seinen Beziehungen immer wieder das Gefühl, „nicht genug zu bekommen", selbst anderen nichts geben zu können. Oder eine zu frühe und übermäßige Reinlichkeitskontrolle in der analen Phase kann zwanghafte Persönlichkeitszüge mit übermäßigen Bedürfnissen nach

Sauberkeit und Ordnung sowie autoritärem Verhalten bedingen.

FREUD stellte den *Ödipuskomplex* in den Mittelpunkt seiner Theorien zur Entstehung von Neurosen; er lehnte sich dabei an den antiken Mythos des Königs von Theben an, der unwissend seinen Vater Laios erschlug und seine Mutter Iokaste heiratete. FREUD sah in diesem Komplex eine zentrale Entwicklungsaufgabe und organisierende Lebenserfahrung für Jungen wie für Mädchen sowie den Kern jeder später auftretenden Neurose. Der grundlegende Konflikt, in den Kinder zwischen ihrem 4. und 6. Lebensjahr geraten, bezieht sich auf ihre intensiven Empfindungen gegenüber den Eltern: Junge wie Mädchen lieben beide Elternteile und möchten von beiden geliebt werden; gleichzeitig möchte der Junge seine Mutter, das Mädchen seinen Vater für sich gewinnen, ohne dabei die Liebe des anderen Elternteils aufgeben zu müssen. FREUD war der Überzeugung, die ödipalen Wünsche würden Ängste vor Kastration durch den gleichgeschlechtlichen Elternteil bedingen und dadurch zur Aufgabe der Wünsche führen. Kastrationsängste und Auflösung des Ödipus-Komplexes seien dafür verantwortlich, daß sich die Instanz des Über-Ichs ausbilde. Da Frauen ja bereits kastriert seien, d. h. über keinen Penis verfügen, sei die Kastrationsangst geringer und damit das sich entwickelnde Über-Ich sowie die Moral der Frauen nicht so stark ausgeprägt wie bei Männern. Diese Auffassung wird heute von vielen Analytikern nicht mehr geteilt. Die Einsicht in die Unerfüllbarkeit der eigenen Wünsche und die Liebe zu beiden Elternteilen führe stattdessen dazu, daß das Kind seine Wünsche schließlich aufgebe: Es wende sich dem gleichgeschlechtlichen Elternteil zu und versöhne und identifiziere sich mit ihm. Dieser Schritt ermögliche schließlich die Übernahme einer bleibenden, stabilen männlichen bzw. weiblichen Geschlechtsidentität.

FREUD vermutete, daß Mädchen zu diesem Zeitpunkt einen Penisneid entwickeln, wenn sie entdecken, daß sie bereits kastriert sind. Heute geht man statt dessen davon aus, daß Mädchen und Jungen neugierig auf das andere Geschlecht sind und beide Neidgefühle gegenüber dessen Fähigkeiten entwickeln. Dem Penisneid des Mädchens entspricht also ein Gebärneid des Jungen; der Neid des Mädchens könnte nur dann zu einem vorherrschenden Gefühl werden, wenn ein Mädchen den Besitz eines Penis mit der Bevorzugung von Brüdern in der Familie oder der vorherrschenden Stellung des Vaters in der Familie in Zusammenhang bringt.

Seit den grundlegenden Veröffentlichungen von FREUD hat sich die psychoanalytische Entwicklungspsychologie weiterentwickelt und differenziert. Das Interesse verlagerte sich auf die Erforschung der frühesten Kindheitserfahrungen, ihrer Auswirkungen auf das spätere Erleben und Verhalten und die lange

vernachlässigte Bedeutung des Vaters für die Persönlichkeitsentwicklung des Kindes.

Eine kritische Anmerkung ist in diesem Zusammenhang notwendig: Manchmal werden die Erkenntnisse
der psychoanalytischen Entwicklungspsychologie in einer unzulässigen und vereinfachenden Weise angewandt: Bestimmte Kindheitserfahrungen werden mit
gegenwärtigen Problemen in einen einfachen Ursache-
Wirkungs-Zusammenhang gebracht (z. B.: „Du hast
mich nicht lange genug gestillt und deswegen bin ich
heute zum Alkoholiker geworden!"). Unglückliche
Kindheitserfahrungen müssen aber nicht zwangsläufig
zu Problemen im Erwachsenenalter führen. Das Erleben einer möglicherweise traumatischen Situation wie
z. B. eine Scheidung der Eltern führt nicht automatisch
zum späteren Auftreten einer Neurose. Es kommt immer *auch* darauf an, wie das Kind diese Erfahrungen
verarbeitet und auf welche eigenen Kräfte und Fähigkeiten es in dieser Situation zurückgreifen kann. Wissenschaftliche Untersuchungen an Kindern, die nach
traumatischen Erfahrungen adoptiert oder zu Pflegeel-
tern gegeben wurden oder auf eine andere zuverlässige
und zugewandte Person zurückgreifen konnten, scheinen außerdem darauf hinzuweisen, daß schädliche Einflüsse durch liebevolle Zuwendung und Fürsorge korri-
giert und ausgeglichen werden können. Die Empfind-
samkeit der betroffenen Kinder spielt eine ergänzende
Rolle: Es scheint Kinder zu geben, die belastenden Situationen

relativ gut widerstehen können, indem sie durch die schöpferische Kraft ihrer Phantasie die Mängel ausgleichen, während andere Kinder nicht über diese Fähigkeit zu verfügen scheinen. Erst eine Kombination aus einem Übermaß an Belastungen und einem Mangel an erleichternden, kompensierenden Erfahrungen schafft eine Disposition für eine spätere neurotische Erkrankung. Die klinische Erfahrung zeigt auch, daß bei einem Vorliegen von Belastungssituationen in der Kindheit trotz später gelungener erfolgreicher Lebensführung dauerhafte seelische Narben zurückbleiben können (z. B. vermehrte Angst vor Trennungen von wichtigen Bezugspersonen).

– 3 –
Wie entstehen seelische Krankheiten?

Was sind Neurosen?

Psychoanalytiker gehen von der Überlegung aus, daß es keine klare und eindeutige Grenze zwischen „normalem" und „krankhaftem", d. h. neurotischem Erleben gibt. So kennt jeder Mensch Gefühle von Angst, Trauer, Hemmungen oder Wut, die ihn im Alltag beeinträchtigen können. Wir erleben alle immer wieder konflikthafte Situationen, in denen wir Mühe haben, uns zwischen zwei Alternativen zu entscheiden, oder fühlen uns zwischen einander entgegengesetzten Gefühlen hin- und hergerissen. Was das „normale" vom „krankhaften" Erleben unterscheidet, ist lediglich das Ausmaß der Beeinträchtigung sowie die Unfähigkeit des Betreffenden, seine Konflikte in für ihn befriedigender Form lösen zu können. Schauen wir uns hierzu ein Beispiel an:

Ein Patient berichtet im Erstgespräch über seine Ehe: Er kenne seine Frau seit zwei Jahren, vor einem dreiviertel Jahr hätten sie geheiratet und seien zusammengezogen. Seit diesem Zeitpunkt habe sich etwas in ihrer Beziehung verändert. Er sei so glücklich gewesen, endlich mit einer Partnerin zusammen zu sein, habe sich so auf die gemeinsame Wohnung gefreut. Aber jetzt spüre er eine gewisse Abneigung, abends nach Hause zu kommen, bleibe sogar länger in der Firma. Er verstehe das selbst nicht, denn er liebe seine Frau sehr; sie leide darunter und mache ihm inzwischen wegen seines ständigen Fernbleibens Vorwürfe.

Im weiteren Gespräch wird ein dem Patienten unbewußter Konflikt deutlich: Er verspürt intensive Wünsche nach Nähe, die ihm jedoch gleichzeitig Angst machen und dafür verantwortlich sind, daß er sich bei zuviel Nähe wieder distanzieren muß. Durch prägende Einflüsse in der Kindheit gelingt es ihm nicht, das Maß an Nähe und Distanz so zu dosieren, daß eine für ihn und seine Ehefrau befriedigende Lösung möglich wäre. Durch die Heirat und die Gründung des gemeinsamen Wohnstandes werden seine Wünsche nach Nähe erfüllt, damit tritt aber auch die Angst auf, von der Ehefrau vollkommen vereinnahmt zu werden, keine eigenen Wünsche mehr empfinden zu dürfen. Um sich davor zu schützen, muß er sich wieder distanzieren, was die oben beschriebenen Eheprobleme verursacht. In psychoanalytischer Fachsprache wird dieses Phänomen als „Nähe-Distanz-Konflikt" bezeichnet.

Neurosen sind also nach psychoanalytischem Verständnis mißlungene Verarbeitungs- und Lösungsversuche unbewußter Konflikte, deren Wurzeln bis in die Kindheit und Jugend reichen. Neurosen können Symptome im seelischen Bereich (z. B. Ängste, Waschzwang, Selbstunsicherheit) bedingen; sie werden dann als *„Psychoneurosen"* bezeichnet. Sie können aber auch körperliche Beschwerden auslösen (z. B. Juckreiz, Engegefühl im Kehlkopfbereich, Atemnot, ständige Durchfälle); je nach zugrunde liegendem Konflikt und Ausmaß der durch den Arzt erhobenen organischen Befunde wird von einer *„Konversionsneurose", „Funktionellen Beschwerden"* oder einer *„Somato-Psychomatischen Erkrankung"* gesprochen.

Wie entsteht ein neurotisches Symptom?

HOFFMANN und HOCHAPFEL (1984) beschreiben drei unterschiedliche Theoriemodelle, mit deren Hilfe die Entstehung neurotischer Symptome erklärt werden kann; sie werden in den folgenden Abschnitten getrennt dargestellt, in der Alltagspraxis finden sich jedoch häufig Überschneidungen der Ursachenbedingungen für einen jeweils konkreten Fall.

Das Modell des reaktualisierten Entwicklungskonfliktes: Die Neurose wird durch eine Auslösesituation in Gang gesetzt, in der der Betroffene mit einer Versuchung oder einer Versagung konfrontiert wird: Es werden Bedürfnisse geweckt (z. B. aggressive oder sexuelle Wünsche und Handlungsimpulse), die der Betreffende bereits in seiner Kindheit als bedrohlich und konflikthaft erlebt hat und schon damals nicht angemessen verarbeiten konnte. Es kommt zu einem Wiederaufleben dieses Konfliktes und der mit ihm einhergehenden innerlichen Beängstigung und Anspannung. Das Ich versucht jetzt, zwischen den durch die Auslösesituation aktivierten Triebimpulsen, den verinnerlichten Normen und der äußeren Realität zu vermitteln und einen Kompromiß zu finden. Dazu greift es auf kindliche Bewältigungsmechanismen zurück, nicht auf reife, erwachsene Verarbeitungsformen. Das entstehende neurotische Symptom stellt einen solchen Kompromiß zwischen den verschiedenen innerlich wirkenden Kräften dar. Der Patient wird dadurch von dem Konflikt entlastet, auch wenn das neurotische Symptom belastend und quälend sein mag (sog. *„primärer Krankheitsgewinn")*. Der gesamte Ablauf der eben beschriebenen Wirkungskette geschieht unbewußt, d. h. der Patient kann die Ursache seines Symptoms nicht erkennen oder beschreiben.

Das Modell des erhaltenen Entwicklungsschadens:
Es gibt eine Reihe von seelischen Störungen, bei denen vermutlich nicht ein dem Betroffenen unbewußter Konflikt die Krankheitssymptomatik auslöst. Beispiele für solche Störungsformen sind Suchterkrankungen, Kriminalität, sexuelle Perversionen oder die sogenannten Borderline-Störungen (Grenzfälle zwischen Neurose und Psychose). Sie werden als Folgeerscheinungen eines primären Entwicklungsschadens verstanden: Das Ich des Betroffenen ist von früher Kindheit an so geschwächt, daß es mit der Bewältigung bestimmter Alltagssituationen oder Beziehungserfahrungen völlig überfordert ist. In der Kindheit solcher Menschen finden sich oft ausgeprägte Frustrationen grundlegender emotionaler Bedürfnisse, Vernachlässigung oder körperliche bzw. seelische Mißhandlungen. Obwohl die aus dieser Entwicklung resultierenden seelischen Probleme quälend und schlimm erscheinen, schützen sie den Betreffenden vor etwas noch weit Unangenehmerem, besitzen sie eine sogenannte *„Plombenfunktion"*. So könnte beispielsweise das Symptom der Alkohol-

oder Drogenabhängigkeit vor unerträglichen Empfindungen innerer Leere und Einsamkeit oder ver-
nichtender Wut schützen.

Das Modell der verfehlten Lernvorgänge:
In der Verhaltenstherapie wird der Versuch unter-
nommen, die Entstehung und Aufrechterhaltung von
neurotischen Krankheitssymptomen mit lerntheore-
tischen Konzepten zu beschreiben. Einige dieser
Überlegungen finden sich auch in der Psychoanalyse
wieder - wenn auch unter anderem Namen. So wird
beispielsweise die Chronifizierung neurotischer Symptome u. a. mit dem sogenannten *„sekundären
Krankheitsgewinn"* begründet. Damit ist gemeint,
daß neurotisch erkrankte Menschen häufig aufgrund
ihrer Krankheitssymptome von ihrer Umwelt besondere Rücksichtnahme und Schonung erfahren. Zusätzlich zur Entlastung von dem symptomauslösen-
den Konflikt (primärer Krankheitsgewinn) kommen
objektive Vergünstigungen oder Vorteile von außen
hinzu (z. B. vermehrte Zuwendung oder Krank-
schreibung bis hin zu einer Frühberentung). Sie be-
wirken häufig ein „Festhalten" am Symptom, weil
der daraus resultierende Gewinn viel zu groß ist. Das
dadurch bedingte Vermeidungsverhalten führt außerdem dazu, daß keine neuen Lernerfahrungen gemacht und damit auch keine neuen Konfliktlösungs-
strategien eingeübt werden.

Was bewirkt eine Psychoanalyse?

Häufig ist die erste Erwartung eines Patienten an eine Psychotherapie eine Beratung: „Ich stecke in einer für mich unlösbaren Konfliktsituation und weiß nicht, wie es weitergehen soll. Dieser Fachmann wird wissen, wie in meiner Situation geeignete Lösungsstrategien aussehen könnten, und wird mir einen Ratschlag geben. Danach werde ich besser einschätzen können, wie ich mich in Zukunft verhalten soll." Diese Erwartungshaltung ist nicht selten, stellt aber zugleich ein grundlegendes Mißverständnis dessen dar, was in einer Psychoanalyse geschieht und was sie zu leisten vermag.

Psychoanalyse ist nur eine von einer Vielzahl psychotherapeutischer Behandlungsverfahren: In einem deutschsprachigen Handbuch der Psychotherapiemethoden werden alleine circa 400 unterschiedliche Verfahren beschrieben, die für sich in Anspruch nehmen, seelische Erkrankungen positiv beeinflussen zu können. Es stellen sich daher zwei Fragen:

– Was bewirkt in einer Psychotherapie (ganz allgemein) Veränderungen?
– Wodurch zeichnet sich die Psychoanalyse aus, worin unterscheidet sie sich von den anderen Behandlungsverfahren?

Es gibt einige *unspezifische Wirkfaktoren,* die nach Überzeugung von Psychotherapieforschern für *alle* psychotherapeutischen Behandlungsverfahren gelten. Allen Faktoren ist gemein, daß sie sich nicht auf eine spezifische (intellektuelle) Technik beziehen, sondern auf die persönliche Gefühlsbeziehung zwischen Therapeut und Patient. Folgende Wirkfaktoren werden dabei immer wieder genannt:

- *Akzeptanz,* d. h. als Patient in einer Therapie zu erleben, daß man uneingeschränkt angenommen wird, keinen Erwartungen gerecht werden und keine Leistungen erbringen muß, um diese Zuwendung zu erhalten.

- *Emotionale Wärme,* d. h. sich in einer wohlwollenden Atmosphäre mit der eigenen Person auseinandersetzen zu können.

- *Respekt,* d. h. die Erfahrung machen zu können, mit allen Persönlichkeitsanteilen, Gefühlen und Wünschen respektiert zu werden.

- *Empathie,* d. h. das Bemühen des Therapeuten, sich in den Patienten einzufühlen und ihn zu verstehen.

- *Fürsorge,* d. h. das Interesse des Behandelnden am Wohlergehen seines Patienten.

Das Zusammenwirken dieser unspezifischen Faktoren trägt erheblich zum Erfolg einer Psychotherapie (gleich welcher Schulorientierung) bei. Aber was ist das Spezifische an einer psychoanalytischen Behandlung, was unterscheidet sie von anderen Therapieverfahren?

Das wichtigste Merkmal einer tiefenpsychologisch orientierten Therapie ist die zentrale Bedeutung unbewußter Prozesse, die immer wieder im Mittelpunkt der Behandlung stehen. Bei einer Angst vor engen Räumen (Claustrophobie) wird z. B. in einer Psychoanalyse nach den unbewußten symbolischen Bedeutungen der angstmachenden Situation gefragt: Was verbindet der Patient mit dem „Eingeengtsein"? Erlebt er es auch in einer Beziehung? Wo gab es Einengungen in der Vergangenheit? Wie ist er bisher damit umgegangen? Was verbirgt sich hinter dem Symptom, welche (unbewußte) Aussage ist mit ihm verbunden? Die Psychoanalyse hält eine Vielzahl von theoretischen und praktischen Möglichkeiten bereit, diese unbewußten Aspekte einer Erkrankung oder einer speziellen Konfliktsituation zu verstehen und einer therapeutischen Veränderung zuzuführen. Das Begreifen und Verstehen der eigenen Krankheitssymptomatik spielt eine wichtige Rolle, wie es die folgenden Äußerungen von Patienten nach der Beendigung ihrer Therapie belegen:

Pat. A.: „Ich weiß jetzt, in welchen Situationen ich immer wieder mit Migräneattacken reagiert habe: Immer dann, wenn ich eigentlich etwas von meiner Wut hätte spüren müssen, hatte ich plötzlich das Empfinden, mir platzt auf der Stelle der Kopf. Ich bin jeder Auseinandersetzung aus dem Weg gegangen und habe mich statt dessen ins Bett zurückgezogen."

Pat. B.: „Die Sexualität hat mir einfach Angst gemacht -
solche Angst, daß ich keinerlei Verlangen gespürt habe.
Ich hatte überhaupt keine Lust auf Intimität, in mir hat sich
einfach alles verkrampft, wenn mein Mann in mich eindrin-
gen wollte. Das war zuviel an Nähe - mehr, als ich aushalten
konnte."

Eine psychoanalytisch orientierte Behandlung führt
zu einer vertieften Selbsteinsicht in das eigene Unbewußte und dadurch zu der Fähigkeit, sich selbst, das
eigene Erleben und Verhalten besser und vollständi-
ger verstehen und einschätzen zu können.

FREUD hat den Wirkungsmechanismus einer Psychoanalyse mit drei Stichworten zu beschreiben versucht: *„Erinnern, Wiederholen und Durcharbeiten"*.
Die Beziehungserfahrung und -gestaltung zwischen
Patient und Therapeut ist dabei von zentraler Bedeutung: Sie dient sozusagen als „Bühne", auf der die
seelische Problematik des Patienten sichbar werden
kann. Es erscheint oft einfacher, über Geschehnisse
außerhalb der Therapie zu sprechen oder sich Erleb-
nissen aus der Vergangenheit zuzuwenden - aber im
Mittelpunkt einer Psychoanalyse steht immer wieder
die Beziehung zwischen Patient und Therapeut.

Während der Behandlung entwickelt sich zwischen
beiden schrittweise ein intensives Verhältnis - vergleich-
bar nur mit den frühen Beziehungen eines Kindes zu
seiner Umwelt. Diese Wiederholung und darauf folgende Durcharbeitung prägender Kindheitserfahrungen in

der therapeutischen Beziehung ermöglichen erst das Gelingen der tiefenpsychologisch orientierten Behandlung. Diese Annahme beruht auf folgender theoretischen Überlegung und klinischen Erfahrung: Ursachen neurotischer Störungen sind unangemessen verarbeitete Erfahrungen in früheren Beziehungen (siehe Kap.2 und 3). Sie haben Spuren in der Persönlichkeit hinterlassen, die ohne eine Wiederbelebung und Wiederholung der ursprünglichen und krankheitsbedingten Beziehungserfahrungen nicht korrigierbar sind („theoretische Einsicht alleine genügt nicht").

Im Verlauf der Analyse wird der Patient sehr unterschiedliche Empfindungen gegenüber dem Therapeuten bei sich wahrnehmen: von Bedürfnissen nach Zuwendung, Trost und Schutz über Ängste vor Ablehnung und Verurteilung bis hin zu Empfindungen von Enttäuschung, Ärger und Wut. Möglicherweise wird er sich zunehmend abhängiger und unselbständiger fühlen; diese Prozesse, die von Psychoanalytikern mit dem Begriff *„Regression"* bezeichnet werden, stellen jedoch einen wichtigen Schritt auf dem Weg zur Gesundung dar. Sie sind nämlich keineswegs zufallsbedingt, sondern stellen Wiederholungen kindlicher Erfahrungen, Phantasien und Wünsche dar, die durch die Behandlung aktualisiert und damit einer Bearbeitung zugänglich werden. Schauen wir uns hierzu ein Beispiel an:

Ein 43jähriger Patient befindet sich wegen Arbeitsstörungen in einer psychoanalytischen Therapie. In der letzten Behandlungsstunde vor den Weihnachtsferien glaubt der Analytiker bei dem Patienten eine gereizte Stimmung wahrzunehmen. Er ist sich jedoch nicht sicher und wartet zunächst die weiteren Einfälle des Patienten ab.

Pat.: „Nächste Woche sind dann ja Weihnachtsferien."

Th.: „Mmmh."

Pat.: „Diese kitschige Weihnachtsromantik nervt mich jetzt schon. Jeder fragt mich in der Firma danach, was ich denn an Weihnachten mache." (längere Schweigepause) „Sie feiern bestimmt schön mit ihrer Familie!" (mit deutlich aggressivem Unterton)

Th.: „Es klingt so, als ob es Sie ärgern würde, daß ich in Ihrer Phantasie mit meiner Familie feiern werde."

Pat.: „Irgendwie schon."

Th.: „Vielleicht würden Sie sich im Grunde sogar wünschen, Sie könnten mit mir gemeinsam feiern und bräuchten sich dann nicht ausgeschlossen zu fühlen."

Pat.: „So wie Sie das sagen, macht mich das unheimlich traurig. Ich glaube, Sie haben so eine richtige schöne Familie, wie ich sie als Kind nie erlebt habe - und ich würde so gerne dazugehören."

In den Äußerungen des Patienten wird hinter dem zunächst geäußerten Ärger seine verborgene Sehnsucht nach einer „guten Familie" spürbar. In einer idealisierten Vorstellung glaubt er, daß die Familie des Analytikers all die Eigenschaften besitzt, die er als Kind bei seiner Familie vermißt hat, und möchte von ihm als Kind in dessen Familie aufgenommen werden.

Durch das Wiederbeleben dieser Erinnerungen wird es dem Patienten möglich, besser zu verstehen, warum er so geworden ist, wie er heute ist, und welche

Anteile seiner Persönlichkeit keinen Raum hatten, sich weiterzuentwickeln. Mit der schrittweise Entfaltung seiner Persönlichkeit gewinnt er auch zunehmend mehr Selbstvertrauen und Selbständigkeit, d. h. die durch die Regression ausgelöste Unselbständigkeit und Abhängigkeit geht zurück. Dazu ein Kommentar eines Patienten nach Beendigung der Therapie:

Pat.: „Ich habe mich unheimlich dagegen gewehrt, in so eine Abhängigkeit hineinzugeraten. Ich habe immer gelacht, wenn ich mal hörte, daß andere Patienten darunter leiden, wenn ihr Therapeut in Urlaub geht. Mit mir nicht - ich bin schließlich ein erwachsener Mensch, dachte ich. Falsch gedacht! Es ging mir schließlich genauso - ich habe den Urlaub verflucht und darauf gewartet, daß er wiederkommt. Angst gehabt, er kommt nicht mehr. Wir haben immer wieder darüber gesprochen und mir ist zunehmend klarer geworden, daß ich mich in meinem ganzen Leben dagegen gewehrt habe, irgendwo abhängig zu werden. Bloß nicht von jemandem abhängig sein! Damit hatte ich zu Hause genug schlechte Erfahrungen gemacht. Aber vor lauter Selbständigkeit blieb ich dann auch alleine. Erst in der Therapie konnte ich das langsam zulassen: mich auf jemanden richtig einlassen, Vertrauen haben, daß er mich mag und mich nicht fallen läßt. Dadurch habe ich dann auch Mut bekommen, mich auf eine Beziehung zu einer Frau einzulassen, in der mehr möglich war als in meinen vorherigen Wochenendbeziehungen."

Zu Beginn einer Psychoanalyse kann es zu einer vorübergehenden Verschlimmerung oder Intensivierung der Krankheitssymptome kommen. Dies ist kein

Hinweis auf mögliche schädigende Auswirkungen, sondern ein Hinweis auf die sich entwickelnden innerseelischen Veränderungs- und Entwicklungsprozesse. Der Patient beginnt, mehr über sich nachzudenken und sein eigenes Verhalten in Frage zu stellen. In manchen Fällen wird er eine vorübergehende Verunsicherung spüren: Ihm wird bewußt, daß vieles von dem, was er empfindet oder wie er handelt, kein „Zufall" ist, sondern unbewußt gesteuert wird und durchaus eine Bedeutung hat.

Eine weitere „Nebenwirkung" einer psychoanalytischen Behandlung betrifft das Verhältnis zu anderen Menschen. Durch die Therapie verändert sich auch das Verhalten in wichtigen Beziehungen zu anderen Menschen. Dies kann dazu führen, daß sich die Beziehungen intensivieren, z. B. weil der Patient zunehmend besser versteht, warum es in bestimmten Situationen immer wieder zu Konflikten kommt und er neue Verhaltensweisen entwickelt, die dem vorbeugen. Es kann aber auch zu neuen Konflikten kommen, wenn die anderen darauf bestehen, daß er seine alte, wohlvertraute Rolle weiterspielt und die bestehenden Beziehungsmuster nicht in Frage stellt. Eine Patientin beschreibt diese Situation treffend:

„In der Therapie habe ich gelernt, mehr Selbstvertrauen zu entwickeln. Ich habe mir früher gar nichts zugetraut und in der Analyse habe ich ja auch lange Zeit gedacht: Der traut mir auch nichts zu! Erst langsam ist mir klar geworden, daß ich in ihm meinen Vater gesehen habe, der mir in meiner

Kindheit immer alles aus den Fingern genommen hat. Dann habe ich Selbstvertrauen bekommen - endlich - und dann war plötzlich mein Mann mit mir unzufrieden. Was ich da für Pläne hätte: nochmal auf die Schule gehen und das Abitur nachholen. Ob ich mit dem Haushalt und den Kindern nicht genug zu tun hätte! Es hat zum ersten Mal in unserer Ehe monatelang immer wieder gekracht, bis er langsam eingesehen hat, daß ich nicht mehr die gleiche bin wie vorher. Heute ist er froh darum, aber ich habe wirklich drum kämpfen müssen."

Die Erfahrung zeigt, daß neurotische oder psychoso-matische Symptome umso erfolgreicher behandelt werden können, je kürzer der Zeitraum seit dem er-sten Auftreten der Krankheitssymptome ist. Umge-kehrt: Je länger eine seelisch oder psychosomatisch bedingte Erkrankung besteht, je „chronifizierter" sie ist, desto schwieriger ist der Zugang zu den Ursachen und desto langwieriger und von Hindernissen beglei-tet die therapeutische Analyse. Statistische Untersu-chungen weisen darauf hin, daß viele Patienten über Jahre hinweg mit Psychopharmaka (z. B. angstlö-sende Medikamente) behandelt werden, bevor sie zu einem Psychotherapeuten oder einer psychosoma-tisch-psychotherapeutischen Ambulanz einer Fach-klinik überwiesen werden. Medikamente *können* in einer akuten Situation angebracht sein, aber die weit verbreitete Praxis der großzügigen Dauerverordnung von Beruhigungsmitteln, Schlafmitteln und ähnli-chen Wirksubstanzen bedeutet eine Verschleppung des Beginns einer effektiven Therapie, die an den

Krankheitsursachen ansetzt und eine dauerhafte Heilung ermöglichen könnte.

In den folgenden Abschnitten werden einige wichtige Aspekte psychoanalytisch orientierter Psychotherapien beschrieben: Der Verlauf eines ersten diagnostischen Gespräches, die freien Einfälle und der Widerstand, Übertragung und Gegenübertragung sowie die Verwendung von Träumen in einer Psychoanalyse. Ein weiteres Kapitel beschäftigt sich mit häufig während einer Analyse auftretenden Krisen, die von den Patienten Durchhaltevermögen und Vertrauen in die Behandlung erfordern. Obwohl sie in einzelnen Kapiteln abgehandelt werden, geschehen die eben genannten Prozesse in der Behandlungssituation gleichzeitig und hängen voneinander ab: Die freien Einfälle zu einem Traum lassen eine bestimmte Übertragungsform erahnen; der Patient sperrt sich jedoch gegen das Bewußtwerden dieser beunruhigenden Empfindungen und entwickelt einen Widerstand, der erneut bearbeitet werden muß usw.

– 5 –
Das erste Gespräch

Das erste Gespräch verläuft für viele Patienten zunächst überraschend: Sie erwarten, von dem Psychoanalytiker ausführlich über ihre aktuellen Beschwerden ausgefragt zu werden - ähnlich der Situation, wenn sie ihren Hausarzt zum ersten Mal aufsuchen und er eine ausführliche Anamnese erhebt. Tatsächlich fragt der Therapeut außer einer einführenden Bemerkung wie „Was führt Sie zu mir?" zunächst wenig. Er gibt dem Patienten statt dessen im ersten Teil des Gesprächs die Möglichkeit, die Inhalte und deren Reihenfolge selbst zu bestimmen, über die er berichten möchte. Manchmal wird er Zwischenfragen stellen, um dessen Schilderungen besser verstehen zu können, oder er wird ihn dazu anregen, bestimmte von ihm geäußerte Überlegungen und Gedankengänge zu vertiefen. Erst im zweiten Teil des Gesprächs wird er noch gezielte Fragen zu unter Umständen bereits erfolgten Behandlungsversuchen (z. B. mit Psychopharmaka), durchgeführten medizinischen Untersuchungen, der aktuellen Lebenssituation sowie der Biographie stellen, um sich ein möglichst umfassendes Bild machen zu können. Häufig wird auch nach sich wiederholenden Träumen oder frühesten Kindheitserinnerungen gefragt. In einer Reihe von Fällen wird auch ein einziges Gespräch nicht ausreichen, um einen möglichst vollständigen Untersuchungsbefund zu erheben, und der Therapeut wird dann einen weiteren Termin vorschlagen.

Der Psychoanalytiker versucht, aus dieser weitgehend vom Patienten gestalteten ersten Beziehungsaufnahme, dem Gesprächsablauf und den von ihm berichteten Themen einen Eindruck von dessen Persönlichkeit, der gegenwärtigen Lebenssituation und seiner Konflikte zu erhalten.

Ein 34jähriger Patient meldet sich wegen „Beziehungsschwierigkeiten" zu einem Erstgespräch an. Er kommt jedoch zu dem vereinbarten Termin zwanzig Minuten zu spät und eröffnet das Gespräch mit der Bemerkung, es sei ihm peinlich, aber er komme zu jeder wichtigen Verabredung fast regelmäßig zu spät. Er wolle auch gleich darauf hinweisen, daß er nachher einen Geschäftstermin wahrnehmen müsse und daher nur wenig Zeit zur Verfügung habe.
Im weiteren Gesprächsverlauf wird deutlich, daß der Patient sich nur schwer auf Beziehungen einlassen kann, obwohl er es sich gleichzeitig so sehr wünscht. Die Ängste vor möglichen Verletzungen oder Zurückweisungen lassen ihn nur mit sehr zwiespältigen Gefühlen auf andere zugehen. Dies wiederholt sich auch in der Form der Beziehungsaufnahme zum Analytiker: Das Zuspätkommen und die von ihm bestimmte zeitliche Begrenzung des Erstgesprächs machen die Ambivalenz gegenüber einem „Sich-Einlassen" deutlich.

Gegen Ende des Gesprächs wird der Analytiker versuchen, dem Klienten etwas von dem zu vermitteln, was er von ihm zu verstehen glaubt. Es geht dabei nicht darum, ihm wie bei einem Arzt eine Diagnose mitzuteilen, etwa: „Sie leiden unter einer Zwangsneurose" oder „Ihre Ehe mußte scheitern, weil Sie deutlich hysterische Persönlichkeitszüge besitzen". Es geht statt dessen darum, ihm einen Eindruck davon zu vermitteln, wie der Therapeut das Problem einschätzt.

Im oben genannten *Beispiel* mag er etwa sagen:
„Ich habe den Eindruck gewonnen, daß es Ihnen sehr schwer fällt, sich auf eine Beziehung zu einem anderen Menschen einzulassen. Sie wünschen es sich einerseits sehr, aber Sie zögern auch immer wieder, wenn es tatsächlich zu einer Beziehung kommen könnte. Vielleicht steht Ihr Verhalten in Zusammenhang mit den Erfahrungen in Ihrer Kindheit, die Sie mir geschildert haben. Aus Ihren Erzählungen habe ich entnommen, daß sich Ihre Eltern Ihnen gegenüber oft sehr widersprüchlich verhalten haben: einerseits liebevoll, in anderen und für Sie nicht vorhersehbaren Momenten dagegen ablehnend und zurückweisend. Vielleicht hat Sie dieses „Wechselbad der Gefühle" gegenüber anderen Menschen so zwiespältig werden lassen."

Zur weiteren Entscheidungsfindung, welche Behandlungsform am sinnvollsten geeignet erscheint, bieten viele Psychoanalytiker ihren Patienten mehrere „probatorische Sitzungen" an. Der Verlauf dieser Probebehandlungsstunden kann wichtige Hinweise darauf ergeben, ob z. B. eine Therapie im Liegen oder im Sitzen, eine Einzel- oder Gruppentherapie eher hilfreich erscheint (siehe dazu Kap. 11).

Wie bereits erwähnt, spielt die Beziehung zwischen dem behandelnden Psychoanalytiker und dem Patienten eine zentrale Rolle. Deshalb ist das Erstgespräch auch für den potentiellen Patienten von großer Bedeutung. Er sollte sich von dem Gefühl frei machen, überhaupt jemanden gefunden zu haben - oder auch der Angst, abgelehnt zu werden. Er sollte genau hinschauen, sich das Recht nehmen, zu prüfen, Fragen zu stellen. Ebenso wie man sich einen Hausarzt seines Vertrauens wählt, sollte man auch bei seinem zukünftigen Therapeuten das Gefühl haben, in guten und sachkundigen Händen zu sein. Man kann sich auch nach dem Erstgespräch eine Bedenkzeit ausbitten oder - wie oben beschrieben - eine Reihe von Probebehandlungsstunden vereinbaren. Anschließend kann man nochmals miteinander besprechen, ob der Beginn einer gemeinsamen langfristigen Therapie sinnvoll ist oder ein Wechsel des Behandlungsverfahrens oder des Therapeuten erfolgversprechender erscheint.

Sollten sich nach dem Erstgespräch ungute Gefühle oder Zweifel an der Entscheidung zu einer Psychoanalyse einstellen, empfiehlt es sich unbedingt, diese offen mit dem Therapeuten zu besprechen. Ein Einstieg in eine längerfristige Behandlung sollte sorgfältig miteinander erwogen werden, die Herkunft zwiespältiger Empfindungen zumindest zum Teil verstanden und aufgelöst werden können. Bleiben Zweifel, suche man sich unter Umständen zum Vergleich noch ein Erstgespräch bei einem weiteren Psychoanalytiker oder einem Therapeuten mit einer anderen therapeutischen Ausrichtung, um dadurch zu einem objektiveren Standpunkt zu gelangen - ein guter Therapeut wird dieses Vorgehen nicht verübeln. Der Patient sollte am Ende der Vorgespräche das Empfinden haben: „Mit diesem Menschen werde ich es eine Weile gut aushalten - ich habe das Gefühl, ihm vertrauen zu können."

Nach einer erfolgreichen Beendigung der diagnostischen Gespräche und probatorischen Sitzungen wird der Therapeut - soweit der Patient die Behandlung nicht selbst bezahlen wird - einen Antrag auf Kostenübernahme der Therapie bei dessen Krankenkasse stellen (siehe Kap. 15). Liegt die Zusage der Kasse vor, kann die reguläre Behandlung beginnen. Der Psychoanalytiker wird dann mit ihm einen „Therapievertrag" abschließen, d. h. eine mündliche oder schriftliche Vereinbarung über die Form der weiteren Zusammenarbeit. Dazu gehören u. a. die Festlegung von Behandlungsstunden sowie die Honorarregelung bei Ausfall von Behandlungsstunden. In den meisten Fällen wird von den Patienten erwartet, daß sie bei einem unentschuldigtem Fehlen oder bei kurzfristigen Absagen von Behandlungsstunden trotzdem einen Teil oder das volle Stundenhonorar selbst zahlen. Außerdem müssen die Ferienzeiten miteinander abgesprochen werden: Da die Regelmäßigkeit der gemeinsamen Sitzungen als von großer Bedeutung für das Gelingen der analytischen Therapie angesehen wird, wird der Psychoanalytiker vorschlagen, während der Dauer der Behandlung die Ferienzeiten mit seinen zeitlich abzustimmen, um die Zahl der Ausfallstunden möglichst gering zu halten.

Viele Therapeuten weisen in diesem Zusammenhang darauf hin, wie sich in der Therapie Widerstände äußern können (siehe Kap. 6) und daß es zu Beginn der Psychotherapie zu einer vorübergehenden Verschlechterung der Symptomatik kommen kann, da die unbewußten Prozesse durch die aufdeckende Therapie in Bewegung geraten.

– 6 –
Die freien Einfälle und der Widerstand

JOSEF BREUER hatte seine ersten Heilungserfolge
bei seiner Patientin Anna O. dadurch bewirkt, daß er
sie dazu ermutigte, sich all der Umstände, die im Zusammenhang mit ihren Krankheitssymptomen standen,
zu erinnern und sie bewußt zu verarbeiten. Dies war
der Grundstock der später von FREUD systematisch
weiterentwickelten „psychoanalytischen Redekur."

FREUD führte seine eigenen Behandlungen zunächst mit Hilfe der klinischen Hypnose durch, die er
bei dem berühmten Pariser Arzt und Neurologen
CHARCOT erlernt hatte. Dieser hatte sich intensiv
mit der Hysterie beschäftigt und die Bedeutung seelischer Faktoren für die Entstehung dieses Krankheits-
bildes betont. FREUD bemerkte jedoch bald, daß
nur ein Teil seiner Patienten hypnotisierbar war, und
wandte in der Folgezeit die „Drucktechnik" an: Er
legte seinen Patienten die Hand auf die Stirn und forderte sie auf, dem Einfall zu folgen, der in ihnen während des Handdruckes aufsteige. Schließlich gab er
auch diese Technik auf und empfahl den Kranken,
einfach alles zu sagen, was ihnen während der Behandlungsstunde spontan einfalle. Diese Methode
wird bis heute unter dem Namen „*Technik der freien
Assoziation*" angewandt.

Dieses Verfahren ermöglicht einen unmittelbaren Zugang zum Bereich des Unbewußten: Die spontan geäußerten Einfälle und Gedanken werden nicht durch bewußte Überlegungen gesteuert oder zensiert und lassen zunehmend mehr unbewußte Persönlichkeitsanteile sichtbar werden.

Zu Beginn einer psychoanalytischen Behandlung wird der Therapeut daher seinem Patienten etwa folgendes sagen: „Versuchen Sie, in den Behandlungsstunden alles zu sagen, was Ihnen einfällt - gleichgültig, ob es sich um Gedanken, Gefühle oder Erinnerungen handelt. Soweit es Ihnen möglich ist, lassen Sie nichts aus, auch wenn es Ihnen nebensächlich, unangenehm oder unlogisch scheinen mag." Das Liegen auf der Couch erleichtert es vielen Patienten, dieser *„psychoanalytischen Grundregel"* zu folgen, da es sie in eine entspannte Position versetzt und ihnen ermöglicht, ohne Ablenkung von außen dem Strom der aufsteigenden Bilder und Vorstellungen zu folgen.

Dazu ein Ausschnitt aus einer Behandlungsstunde:

Pat.: „Ich muß gerade an heute morgen denken. Ich war in der Werkstatt und habe mein Motorrad abgeholt. Ein Schweinegeld haben die dafür verlangt! Aber ich mag es nicht missen - es ist eben doch etwas ganz anderes, als mit einem Auto zu fahren. Man spürt viel unmittelbarer, daß man fährt, wie man auf der Straße liegt und in die Kurven geht. Ich fühle mich auf meiner Maschine total sicher. (Pause) Nur einmal - das habe ich Ihnen glaube ich noch nicht erzählt - bin ich mit meiner

Maschine ins Schleudern gekommen. Das war ein
Wahnsinnsgefühl, wie die Maschine sich gedreht hat
und ich keinerlei Möglichkeit hatte, sie im Griff zu
halten: Man sitzt auf dem Sattel und hofft nur noch,
daß es irgendwie gut ausgeht (längere Schweigepause). Mit meiner Beziehung zu meiner Freundin
geht's mir ja ähnlich. Da habe ich auch das Gefühl, ich
weiß nie, was passiert, wenn ich sie wieder treffe."

Th.: „Sie würden sich in Ihrer Beziehung gerne so sicher
fühlen wie auf ihrem Motorrad. Statt dessen sieht es
eher so aus wie eine ständige Schleuderpartie, die Sie
nicht kontrollieren können."

Die Einfälle des Patienten gehen von der Werkstattrech-
nung über zu seiner Beziehung zu seinem Motorrad, auf
dem er sich total sicher fühlt, weil er es unter Kontrolle hat
und es fahrtechnisch beherrscht. Dann fällt ihm der Unfall
ein und das damit verbundene erschreckende Gefühl, einen „Kontrollverlust" zu erleiden, das Geschehen nicht in
der Hand zu haben. Die Gedanken gehen weiter zu der Beziehung zu seiner Freundin, der er sich im Moment ähnlich
ausgeliefert fühlt wie bei dem Motorradunfall. Der Analytiker spricht den verborgenen Wunsch des Patienten an: In
der Beziehung über ebensoviel Kontrolle verfügen zu können wie über sein Motorrad. Was passiert mit ihm in einer
Beziehung, wenn er das Geschehen nicht „im Griff" halten
kann? Wird er ebenso verunglücken wie mit dem Motorrad? Oder kann er sich auf den anderen (die Freundin) verlassen?

In jeder Therapie tauchen immer wieder Schweigepausen auf. Sie *können* ein Hinweis darauf sein, daß
der Patient bestimmte Einfälle nicht aussprechen
kann oder will. Diese Versuche, sich selbst und dem
Analytiker den Zugang zum Unbewußten zu verweh-
ren, werden als *„Widerstand"* bezeichnet. Dahinter

verbirgt sich der unbewußte Wunsch, die in der Kindheit verdrängten konflikthaften Empfindungen und Erfahrungen nicht bewußt werden zu lassen, weil dies von unlustvollen Gefühlen wie Angst, Scham oder Schmerz begleitet wäre. Die *„Widerstandsanalyse"*, d. h. die Konfrontation mit den vom Patienten eingesetzten Abwehrmanövern und deren Bewußtmachung stellt einen wesentlichen Teil jeder psychoanalytischen Behandlung dar. Dazu ein *Fallbeispiel* aus einer Behandlungsstunde:

Die 32jährige Patientin befindet sich wegen chronischer Obstipation (Verstopfung) in psychoanalytischer Behandlung. Seit mehreren Stunden treten immer wieder längere Schweigepausen auf, die der Therapeut schließlich anspricht.

Th.: „Mir fällt auf, daß Sie in den letzten Stunden immer wieder für längere Zeit schweigen - wie auch gerade jetzt im Moment."

Pat.: „Ich würde Ihnen ja gerne etwas erzählen, aber es fällt mir überhaupt nichts ein. Wirklich gar nichts. Ich überlege dann schon immer, ‚was könntest Du jetzt sagen', aber es fällt mir einfach nichts ein."

Th.: „Vielleicht ist es ja ein bestimmtes Thema, das Sie am Sprechen hindert."

Pat.: „Mmmh - vielleicht (längere Schweigepause). Begonnen hat das glaube ich ja, als Sie die Beziehung zu meiner Mutter angesprochen haben."

Th.: „Könnte es sein, daß Ihnen das Angst gemacht hat? Daß Sie das Gefühl bekamen: jetzt nimmt er mir noch meine Mutter weg - den einzigen Mensch, den ich habe und der sich um mich kümmert?"

Pat.: „Ich will auch nicht, daß Sie was Schlechtes über sie sagen - das hat mein Vater schon zur Genüge getan; der hat an meiner Mutter kein gutes Haar gelassen."

Das Schweigen ist Ausdruck eines Widerstandes der Patientin gegen eine Aufarbeitung der Beziehung zu ihrer Mutter: Ambivalente Empfindungen dürfen von ihr scheinbar nicht zugelassen werden; sie muß die Mutter schützen, so wie sie es auch als Kind vor ihrem Vater tat, der seiner Ehefrau die Schuld am Scheitern seiner privaten und beruflichen Wünsche zuschob.

Widerstände gegen die Behandlung können sich in unterschiedlichster Form äußern, z. B. durch plötzlichen und abrupten Themenwechsel (weg von dem bedrohlichen Thema), Müdigkeit bis hin zum tatsächlichen Einschlafen auf der Couch, zu-Spät-Kommen zur Behandlungsstunde usw. Erst nach der Konfrontation und Bearbeitung des Widerstandes wird in einem weiteren Schritt versucht, die hinter dem Widerstand verborgenen und wegen ihrer Bedrohlichkeit abgewehrten Inhalte zu deuten.

Der Traum: Weg zum Unbewußten

Wie wissenschaftliche Untersuchungen in Schlaflabors zeigen, träumen wir alle während bestimmter Phasen unseres Schlafes - auch wenn sich manche daran nach dem Aufwachen nicht mehr erinnern können. Die Trauminhalte erscheinen uns oft irrational, unlogisch und kaum verständlich; manchmal enthalten sie Bruchstücke von gerade Erlebtem, manchmal tauchen Fragmente aus unserer Kindheit auf.

In unserer westlichen Kultur gelten die Träume im allgemeinen als „Schäume", d. h. als sinnlose Zufallsprodukte unseres Gehirns während des Nachtschlafes. In früheren Zeiten war dies anders: Ähnlich wie in anderen Kulturen wurde den Träumen eine wichtige Bedeutung beigemessen. Es gab Traumdeuter, die dem Betreffenden dabei behilflich waren, die verschlüsselten Botschaften seiner Traumbilder zu entziffern.

Während seiner Arbeit interessierte sich auch FREUD zunehmend für seine eigenen nächtlichen Träume sowie die seiner Patienten, die von ihnen spontan in den Behandlungsstunden berichtet wurden. Seine wisssenschaftliche Auseinandersetzung mit dem Traummaterial führte ihn schließlich zu der Erkenntnis, daß Träume nach gewissen Gesetzmäßigkeiten gebildet werden und einen psychologischen „Sinn" haben. Um diesen Sinngehalt entschlüsseln zu können, entwickelte er eine eigene Interpretationsmethode: die *Traumdeutung*. Sie wurde für ihn zur „via regia", d. h. zum „Königsweg" zur Kenntnis des Unbewußten im Seelenleben seiner Patienten. Im November 1889 veröffentlichte FREUD seine Forschungsergebnisse in seinem wohl berühmtesten Buch „Die Traumdeutung."

FREUD unterschied den *manifesten* und den *latenten Inhalt eines Traumes*. Der manifeste Inhalt entspricht dem Traumgeschehen, wie es der Träumer im Lauf einer Nacht erlebt und morgens (mehr oder weniger vollständig) erinnert. Der latente Inhalt ist hinter dieser oft eigenartigen und auf den ersten Blick sinnlos erscheinenden Geschichte verborgen und enthält Empfindungen, Ängste oder Wünsche, die für unser Wachbewußtsein und Selbstbild in unverstellter Form unakzeptabel und angstauslösend wären. Während des Schlafes verkleidet eine innerseelische Zensur die ursprünglichen Motive; dieser Vorgang wird als *Traumarbeit* bezeichnet. So können wichtige Bezugspersonen im Traum durch andere Menschen ersetzt werden, die z. B. in einem Aspekt dieser Person ähneln und damit einen versteckten Hinweis auf die ursprünglich gemeinte Person geben (z. B. gleiches Kleidungsstück wie die Mutter). In einer Reihe von Träumen werden die Affekte „verschoben", d. h. von der eigentlich gemeinten Person oder Situation auf eine andere gelenkt. Dieses Phänomen ist den meisten auch im Wachbewußtsein bekannt: die „Fliege an der Wand" ist häufig das Opfer einer Wut von uns, die aus ganz anderen Quellen gespeist wird, z. B. aus einer zuvor erlebten Kränkung oder Zurückweisung. Andere Inhalte werden im Traum durch Symbole ersetzt, z. B. die eigene erwünschte sexuelle Potenz durch einen schnellen Sportwagen oder die Angst vor einer Auseinandersetzung und Trennung vom Ehepartner durch einen zerbrochenen Ehering.

Die Bearbeitung von Träumen kann in einer psychoanalytischen Behandlung eine bedeutende Rolle spielen, aber im Gegensatz zu früher werden Patienten nicht mehr besonders aufgefordert, Träume zu berichten oder sie aufzuschreiben. Sie stellen Material wie alle anderen Äußerungen des Patienten dar und dienen insbesondere als Ausgangspunkt für weiterführende Assoziationen, die anschließend bearbeitet werden. Trotzdem bleibt die Traumdeutung ein faszinierender Zugang zum Unbewußten. Sie geschieht allerdings nicht durch ein einfaches Übersetzen von Symbolen, wie es von den im Buchhandel erhältlichen Traumhandbüchern versprochen wird. Eine Pistole oder ein Gewehr sind nicht automatisch Symbole für das männliche Genital und eine Reiterin auf einem Pferd steht nicht immer symbolisch für einen Geschlechtsverkehr. Der Patient versucht statt dessen, den Traum möglichst vollständig in allen Einzelheiten zu berichten und dann die zu jedem Teil des

Traumes auftauchenden Empfindungen und Einfälle zu erzählen. Über weiterführende Fragen des Analytikers kann es schließlich gelingen, die entstellende Traumarbeit wieder rückgängig zu machen und die hinter dem manifesten Trauminhalt verborgenen Persönlichkeitsanteile, Ängste und Wünsche zu entziffern.

Die Traumdeutung ist also das Produkt einer gemeinsamen Zusammenarbeit von Patient und Therapeut; ohne Kenntnis der Assoziationen des Träumers und seiner augenblicklichen Lebensumstände bleibt jeder Versuch, einen Traum inhaltlich zu verstehen, bruchstückhaft sowie in seinen Aussagen fragwürdig! Ein *Fallbeispiel* soll den gemeinsamen Versuch verdeutlichen, die Inhalte eines Traumes zu entschlüsseln:

Ein 27jähriger Patient kommt wegen einer unglücklichen Liebesbeziehung zum Therapeuten; er lebe in einer Dreiecksbeziehung, seine Freundin habe einen weiteren Freund und wolle diesen nicht aufgeben. In der dritten Behandlungsstunde berichtet er unaufgefordert folgenden Traum:

Pat.: „Ich habe heute nacht einen merkwürdigen Traum gehabt: Ich bin mit meiner Freundin zusammen Auto gefahren. Die Straße ging bergab - daran erinnere ich mich noch genau. Rechts von uns ist eine Straßenbahn, sie fährt neben uns her. Plötzlich taucht ein Junge auf und wird von der Straßenbahn überfahren. Ich bremse, steige aus und laufe auf den verletzten Jungen zu. Im Laufen drehe ich mich noch zu meiner Freundin um, die im Auto sitzengeblieben ist und rufe ihr zu: ‚Mein Gott, hilf doch dem Jungen!'

Aber sie bleibt sitzen. Ich wache vollkommen schokkiert auf. (Schweigepause) Was meinen Sie, was der Traum bedeutet?"

Th.: „Diese Frage sollten wir uns erst zuletzt stellen. Um die mögliche Bedeutung eines Traumes zu erfassen, ist es am sinnvollsten, zunächst jedes Bild des Traumes näher zu betrachten und zu schauen, was Ihnen dazu einfällt. Aus der Summe der Einfälle können wir dann vielleicht die Aussage Ihres Traumes erkennen."

Pat.: „Das, was mir komischerweise am meisten hängengeblieben ist, ist ein vollkommen unwichtiges Detail, nämlich daß die Straße bergab ging. (Schweigepause) Es gibt doch so eine Redewendung. ‚Mit dir geht's bergab'. Vielleicht geht's mit unserer Beziehung auch bergab."

Th.: „So, wie Sie es mir in den Erstgesprächen geschildert haben, geht es Ihnen ja auch in der Beziehung zu ihrer Freundin immer schlechter."

Pat.: „Ja. Ich fühle mich immer kleiner und hilfloser. Früher war ich immer selbstbewußt, aber jetzt komme ich mir in der Beziehung nur noch mickrig und quengelig vor."

Th.: „In dem Traum taucht ja auch ein kleiner Junge auf."

Pat.: „Ja - einer, der unter die Räder kommt! Aber Sie wollen ja wohl nicht behaupten, daß ich das sein soll, oder?"

Th.: „Was meinen Sie denn dazu?"

Pat.: (längere Schweigepause) „Irgendwie werde ich total traurig. Vielleicht komme ich in der Beziehung zu ihr wirklich unter die Räder. Meine ganzen Wünsche gehen nicht in Erfüllung und sie hilft mir auch gar nicht."

In dem Traum wurde eine Thematik erkennbar, die in der weiteren Behandlung immer wieder zum Thema wurde: Der Patient ließ sich auf Beziehungen zu Frauen ein, in denen er immer mehr regredierte und von seinen Freundinnen erwartete, daß sie sich ihm gegenüber ähnlich liebevoll wie eine gute Mutter verhalten. Tatsächlich wiederholte sich jedoch regelmäßig ein Teil seiner früheren Beziehung zu seiner realen Mutter: Diese fühlte sich durch ihr Kind und dessen Ansprüche vollkommen überfordert und erzog es dazu, sehr schnell seine kindlichen Wünsche aufzugeben und „erwachsen" zu werden. Der Patient suchte sich regelmäßig Frauen als Partnerinnen, die ähnlich wie seine Mutter seine kindlichen Bedürfnisse nicht respektierten, sondern selbst versorgt werden wollten. Im Traum wurde diese Dynamik verschlüsselt: Er fährt mit seiner Freundin eine große Straße bergab (zunehmende Regression), dann taucht eine Straßenbahn auf, die den Jungen überfährt (im Traum bleibt die Freundin geschützt, es ist die Straßenbahn, die Schuld hat, aber an den Einfällen des Patienten zur Straßenbahn wird die Nähe zur Freundin erkennbar). Er bittet seine Freundin um Hilfe (‚Hilf mir doch in meinen unerfüllten kindlichen Bedürfnissen!'), aber sie bleibt desinteressiert.

Der Traum gibt auch einen Hinweis darauf, daß die Beziehung des Patienten zu seiner Mutter und deren Wiederholung in seinen Liebesbeziehungen zu Frauen ein bedeutsames Thema darstellt.

In den Träumen können sich auch Inhalte einer laufenden psychoanalytischen Behandlung spiegeln. Eine Patientin berichtet folgenden Traum:

„Ich war bei Ihnen in der Analysestunde und lag wie immer auf der Couch. Sie saßen hinter mir und sagten mir eindringlich, daß ich mich den Gefühlen meiner Kindheit stellen müßte, sonst hätte ich keine Chance, gesund zu werden. Ich spürte, wie die Couch unter mir nachgab und ich von den in mir auftauchenden Gefühlen weggerissen wurde. Es waren schreckliche, unbeschreibliche Gefühle. Ich wollte das nicht empfinden und wollte wieder zurück. Sie sagten dann zu mir, daß sie gespürt hätten, wie die Gefühle meiner

Kindheit aufgetaucht wären, und ich dürfte nicht vor ihnen davonlaufen. Wieder spürte ich das schreckliche Gefühl von Abgelehntwerden, daß niemand für mich da ist. Ich bekam schreckliche Angst und wollte wieder die Kontrolle darüber bekommen. Ich hörte Ihre Stimme, ich solle keine Angst haben, aber es war so furchtbar. Dann bin ich aufgewacht."

Im Traumgeschehen werden die Ängste der Patientin vor den auftauchenden und bisher abgewehrten Empfindungen aus ihrer Kindheit deutlich; die Analyse fördert die verdrängten Gefühle zu Tage und löst bei der Patientin die Angst aus, diese bei vollem Bewußtsein nicht ertragen zu können.

FREUD's Auffassung, bei den nächtlichen Träumen handele es sich um ein „sinnvolles" und für das Verständnis eines Menschen bedeutsames Phänomen, hat sich heute weitgehend durchgesetzt. Dagegen ist seine These, jeder Traum stelle eine Wunscherfüllung dar, umstritten und von anderen Autoren in Frage gestellt worden. In den Träumen von Kindern wird der Wunscherfüllungscharakter häufig deutlich erkennbar, aber viele der angstgetönten und unlustvollen Träume von Erwachsenen lassen Zweifel an diesem Konzept gerechtfertigt erscheinen.

– 8 –
Die Beziehung zwischen Patient und Therapeut:
Übertragung und Gegenübertragung

Seelische Krankheiten haben ihren Ursprung in zwischenmenschlichen Beziehungen - in Erfahrungen, die wir in unserer Kindheit und Jugend gemacht haben. Sie prägen unser Verhalten auch in den späteren Lebensjahren und führen dazu, daß wir in neuen Beziehungen auf die verinnerlichten Erfahrungen wieder zurückgreifen. Diesen Mechanismus beobachtete FREUD auch in seinen Behandlungen: Die Patienten empfanden ihm gegenüber Gefühle, die offenbar nicht seiner Person galten, sondern sich auf eine andere Person bezogen. FREUD kennzeichnete dieses Verhalten mit dem Begriff der *„Übertragung"*. Dazu ein *Fallbeispiel* aus einer Behandlungsstunde:

Während einer sehr intensiven Therapiestunde läutet das Telefon und der Analytiker nimmt das Gespräch an, um dem Anrufer mitzuteilen, daß dieser später nochmals anrufen solle. Durch den Anruf wurde die Stunde an einer wichtigen Stelle unterbrochen, der Patient verhält sich jedoch so, als ob es ihn in keiner Weise gestört habe. Gleichzeitig wirkt er jedoch auf den Therapeuten distanziert.

Th.: „Ich könnte mir vorstellen, daß Sie der Anruf eben gestört hat."
Pat.: (zögernd) „Mmmh."

Th.: „Es scheint Ihnen schwer zu fallen, Ihren Unmut mir gegenüber einfach so zu äußern."

Pat.: (nochmals zögernd) „Ja, das würde mich große Überwindung kosten, das einfach so zu sagen."

Th.: „Zu sagen, das ärgert mich, daß Sie einfach ans Telefon gehen, während wir gerade miteinander sprechen und ich Ihre Aufmerksamkeit brauche."

Pat.: „Ich glaube, das habe ich noch nie gekonnt - einfach so sagen, was mich ärgert."

Der Patient überträgt in dieser Situation ein Gefühl auf den Therapeuten: Die Angst, dafür bestraft zu werden, wenn er seinem Ärger offen Ausdruck verleiht. Es handelt sich um eine Übertragung, weil er in seiner Kindheit dafür zurückgewiesen wurde und jetzt erwartet, erneut dafür bestraft zu werden.

Übertragungen sind nicht nur das künstliche Produkt einer Psychotherapie - sie stellen ein Grundphänomen menschlichen Erlebens dar. Immer dann, wenn wir einem Menschen begegnen, der uns in gewissen äußeren Merkmalen oder Verhaltensweisen an eine frühere Bezugsperson erinnert, können die mit ihr verbundenen Beziehungserfahrungen auf diesen Menschen übertragen werden. Wir erleben z. B. in jeder Liebesbeziehung Wiederholungen früherer Beziehungsmuster, übertragen auf den Partner unsere Erwartungen und Wünsche nach einer idealen Mutter oder einem idealen Vater.

Je nach Qualität der zugrunde liegenden Empfindungen bzw. Beziehungserwartungen (z. B. wohlwollend, feindselig, idealisierend) werden „positive

Übertragungen", „negative Übertragungen" oder „idealisierende Übertragungen" unterschieden. Schauen wir uns hierzu ein Beispiel an:

In einer Analysestunde wird über die bevorstehenden Sommerferien gesprochen; dem Therapeuten fällt auf, daß die Patientin mit keinem Wort erwähnt, was es für sie bedeutet, daß in den kommenden vier Wochen alle Therapiestunden ausfallen werden.

Th.: „Mir fällt auf, daß Sie in keiner Weise erwähnen, was es für Sie bedeutet, daß Sie durch die Sommerferien keine Therapiestunden haben werden."

Pat.: (schweigt)

Th.: „Vielleicht fällt es Ihnen schwer, darüber zu sprechen."

Pat.: „Ich habe gerade an zu Hause denken müssen. Wenn meine Eltern ohne uns in Urlaub gefahren sind, hat von denen keiner danach gefragt, ob wir vielleicht mit wollen. Und wenn ich geweint habe, hieß es nur lapidar, ‚mach kein solches Theater'."

Th.: „Vielleicht haben Sie Angst, ich könnte ähnlich ablehnend wie Ihre Eltern reagieren, wenn Sie offen äußern, daß es Ihnen nicht gefällt, wenn ich in Urlaub fahre."

Pat.: „Stimmt, das würde mir nur sehr schwer über die Lippen kommen. Wenn mein Mann auf einen Kongreß fährt, ist das nicht anders: Da würde ich mir auch eher die Zunge abbeißen, bevor ich von mir aus sage, daß ich gerne mitfahren würde."

Die Patientin überträgt in diesem Fallbeispiel die aus ihrer Kindheit stammende Angst auf den Therapeuten, von ihm wie früher von den Eltern bestraft zu werden, wenn sie die Gefühle offen zum Ausdruck bringt, die die bevorstehende Trennung in ihr auslöst. Es handelt sich um eine negativ getönte Übertragung.

Der Therapeut kann das Auftauchen von Übertragungen in der Behandlungssituation häufig an ihrer Unangemessenheit erkennen: einer in der Stunde auftauchenden Feindseligkeit, verführerisch-kokettierenden Stimmung oder auch daran, wenn der Patient ihm Gefühle zuschreibt, die er selbst in der Situation nicht in ähnlicher Weise verspürt. Dazu ein weiteres *Fallbeispiel:*

In einer Therapiestunde spricht die Patientin immer wieder von ihrer großen Angst, von dem Psychoanalytiker abgelehnt zu werden. An ihr sei einfach nichts liebenswertes und sie spüre genau, daß er sie im Grunde nicht leiden könne. Wahrscheinlich habe er sowieso bald die Nase von ihr voll und werde die Behandlung abbrechen. Dem Analytiker geht es tatsächlich anders: Er schätzt die Patientin und kann sich gut vorstellen, sie noch eine geraume Zeit in Behandlung zu behalten.

Die Angst vor Ablehnung wird vor dem Hintergrund der Biographie der Patientin verständlich: Sie war ungewolltes Kind, die Eltern ließen sich drei Jahre nach der Geburt ihres Kindes scheiden und gaben die Tochter zur Adoption frei. Die Patientin überträgt dieses Gefühl des Abgelehnt- und Ausgestoßen-Werdens durch die Eltern auf ihren Therapeuten: in ihrer Vorstellung muß er sie ebenso ablehnen und schließlich ausstoßen wie ihre Eltern.

Nach psychoanalytischer Auffassung lassen sich solche Erfahrungen und daraus resultierende innere Einstellungen und Verhaltensmuster nur in Beziehungen erfolgreich korrigieren; eine rein theoretische Einsicht in die Quellen des eigenen Handelns reicht nicht aus, um eine tiefgreifende Änderung erreichen zu können. Der Patient muß solche Übertragungen in der Therapie zulassen und erleben können; die „Reinszenierungen" von Konflikten mit den wichtigen Bezugspersonen der Kindheit, wie den Eltern, Großeltern oder Geschwistern sind eine Grundvoraussetzung für eine erfolgreich verlaufende Psychoanalyse. Das ermöglicht ihre Aufarbeitung in einer lebensnahen konkreten Situation; erst in den Wiederholungen können die krankheitsauslösenden Konflikte auch emotional erlebbar und gemeinsam verstanden sowie andere Lösungsmöglichkeiten entwickelt werden.

Der Psychoanalytiker hört den Äußerungen seines Patienten mit „gleichschwebender Aufmerksamkeit" zu, d. h. er versucht, sich mit seinen Wahrnehmungen, Empfindungen und Phantasien ganz auf ihn einzustellen. Über die freien Einfälle des Patienten kommt es zu einer Verbindung zwischen seinem Unbewußten und dem des Patienten. Der Psychoanalytiker THEODOR REIK (1948) sprach in diesem Zusammenhang von dem „Hören mit dem dritten Ohr". Die durch den Patienten ausgelösten bewußten und unbewußten Empfindungen stellen einen wichtigen Schlüssel zu den unbewußten Erlebnisbereichen des Patienten dar; sie werden mit dem Begriff der „Gegenübertragung" bezeichnet. Der Analytiker spürt bei sich z. B. den Impuls, mit dem Patienten zu rivalisieren, ihn streng zu behandeln oder mit ihm zu flirten. Er spürt also, daß der Patient versucht, ihn in eine bestimmte Rolle zu drängen, die früher von einer wichtigen Bezugsperson eingenommen wurde. Viele Analytiker gehen in der Auffassung der Gegenübertragung noch einen Schritt weiter: Sie sehen in ihr nicht nur eine Antwort auf die spezifischen Übertragungen des Patienten, sondern die Gesamtheit der emotionalen und kognitiven Reaktionen des Therapeuten auf den Patienten.

Die Analyse von Übertragung und Gegenübertragung geschieht zunächst stillschweigend im Psychotherapeuten: Er versucht aus seinen eigenen emotionalen Reaktionen auf die momentane Erlebenssituation des Patienten und diesem noch verborgene unbewußte Persönlichkeitsanteile zu schließen. Die psychoanalytische Ausbildung des Therapeuten (siehe Kap. 13) soll dabei verhindern, daß er spontan auf die Übertragungsangebote seines Patienten reagiert, so wie wir es normalerweise im Alltag tun würden. Was der Patient in der Therapie an Material anbietet, wird besprochen, aber es wird nicht darauf eingegangen. Diese Abstinenz des Analytikers wird manchmal als Härte oder Unmenschlichkeit erlebt, vor allem in solchen Situationen, in denen er nicht auf Anlehnungsbedürfnisse des Patienten eingeht. Dazu ein *Fallbeispiel:*

Im Lauf einer Behandlung entwickelt eine Patientin auf ihren Therapeuten eine negative Vater-Übertragung, d. h. sie fühlt sich von ihm in ähnlicher Weise enttäuscht und im Stich gelassen wie als Kind von ihrem Vater. Ihre daraus resultierenden Vorwürfe und Abwertungen lösen bei dem Therapeuten zunehmenden Ärger aus. Er fühlt sich zu unrecht angeklagt und spürt den Impuls, seinem Ärger Ausdruck zu verleihen und die Patientin zu bestrafen. Dies würde unserer spontanen Alltagsreaktion entsprechen; in einer Analyse geht es statt dessen darum, zu verstehen, was hinter den Vorwürfen und Abwertungsversuchen der Patientin steht, und ihr dies verständlich zu machen. Die Rückmeldung könnte dann beispielsweise so lauten: „Könnte es sein, daß Sie von mir in gleicher Weise enttäuscht sind wie von Ihrem Vater und den Unmut, den Sie mir gegenüber empfinden, auch in der Beziehung zu ihm gespürt haben?"

In einer Psychoanalyse geht es darum, die gegenwärtige Situation des Patienten mit dessen Lebensgeschichte in eine „sinnvolle" Verbindung zu bringen; dies geschieht in Form einer *„Deutung"*, wie sie in der vorherigen Falldarstellung beispielhaft formuliert ist. Durch die Deutung der Übertragung löst sich im Idealfall das übertragene Beziehungsmuster auf: Der Patient ist von den Einschränkungen der Vergangenheit befreit und kann jetzt in der Beziehung neue Erfahrungen machen. Man darf eine Übertragungsdeutung jedoch nicht mit einem magischen Zauberspruch verwechseln: Häufig reicht eine einmalige Deutung nicht aus, um ein unbewußtes Problem einer Lösung zuzuführen. Es bedarf einer gemeinsamen, geduldigen Arbeit und wiederholter Konfliktsituationen, um schließlich eine Weiterentwicklung zu erreichen.

– 9 –
Therapeutische Krisen und vorzeitige Beendigung

Der Entschluß, eine Psychoanalyse zu beginnen, wird meistens durch leidvolle Beziehungserfahrungen ausgelöst; der Betroffene ahnt, daß Veränderungen seiner Persönlichkeit und seiner eingefahrenen Verhaltensmuster notwendig sind. Aber kaum ein Patient hat eine konkrete Vorstellung davon, wie schwierig und schmerzvoll dieser Prozeß werden kann. In der Psychoanalyse kann es zu Krisen kommen, in denen sich der Patient fragt, worauf er sich da eingelassen hat und ob seine Entscheidung für eine Therapie richtig war.

Die ungewohnte Form der Beziehungsaufnahme in einer Psychoanalyse, das Infrage-Stellen der eigenen Überzeugungen, Denk- und Verhaltensweisen lassen oft bereits den Beginn der Behandlung schwierig erscheinen. Nicht selten beschließen Patienten daher, die Behandlung abzubrechen, bevor sie überhaupt erst richtig wirksam werden konnte. Der Psychoanalytiker erhält einen Brief oder einen Anruf, in dem ihm der Patient mitteilt, daß dieser es sich anders überlegt habe, eine andere Therapieform ausprobieren wolle oder es ihm inzwischen schon wieder wesentlich besser gehe und er daher keine Hilfe mehr benötige.

Diese Mitteilungen sind jedoch in vielen Fällen eher Ausdruck der Beunruhigung und Angst, die der Behandlungsbeginn ausgelöst hat, und sollten ausführlich miteinander besprochen werden.

Selbst wenn der Patient diese erste Klippe erfolgreich überwinden kann, warten im Lauf seiner Behandlung weitere Krisen auf ihn. Mit der intensiver werden Beziehung zu dem Analytiker tauchen auch die Störungen auf, die es dem Patienten außerhalb der Therapie erschwert haben, befriedigende Beziehungen zu anderen Menschen aufzubauen. Als Beispiel dazu der Bericht einer Patientin nach dem erfolgreichen Abschluß ihrer Analyse:

„Anfänglich ging ich gerne hin, aber zu diesem Zeitpunkt hatten wir noch keine richtige Beziehung miteinander. Als die dann enger wurde, tauchten zu meinem Entsetzen die gleichen Ängste auf, die ich schon vorher gehabt hatte: Angst davor: daß er mich im Grund gar nicht mag, mich langweilig findet, während der Stunden hinter mir im Sessel einschläft und mich als hoffnungslosen Fall einschätzt. Ich fühlte mich als häßliches Entlein und beneidete glühend alle anderen Patienten, von denen ich natürlich annahm, daß er sie lieber mag als mich. Am liebsten wäre ich nicht mehr hingegangen; ich dachte, warum solltest du da überhaupt hingehen, wenn du dich nicht einmal dort angenommen fühlst. Mit dem Wunsch nach einem Abbruch der Behandlung wollte ich ihn sicher auch dafür bestrafen. Erst später wurde mir bewußt, daß sich in der Beziehung zu ihm etwas wiederholte, was ich als Kind von meinem Vater vermittelt bekam: Daß ich in seinen Augen nicht liebenswert war."

Durch das therapeutisch notwendige und unumgängliche Wiederbeleben der kindlichen Beziehungserfahrungen werden eben auch die schmerzvollen und beschämenden Aspekte in der Beziehung zu dem Therapeuten wiederholt. Die dadurch ausgelösten negativen Übertragungen (siehe Kap. 8) können bis zu ihrer erfolgreichen Bearbeitung und Auflösung quälende und sehr belastende Abschnitte einer Behandlung darstellen. Erfahrungsgemäß taucht bei vielen Patienten während dieser Zeit die (tröstende) Phantasie auf, die Analyse abzubrechen, und es bedarf oft großer Willensanstrengungen, diesen Gedanken nicht in die Wirklichkeit umzusetzen. Eine vorzeitige Beendigung zu diesem Zeitpunkt hat jedoch oft schlimme Folgen: Der Patient fühlt sich betrogen, um eine Hoffnung ärmer, empfindet quälende Gefühle von Selbstzweifel, des Versagens und der Bitterkeit. Daher empfiehlt es sich, diese „Durststrekken" durchzuhalten und darauf zu vertrauen, daß es im weiteren Verlauf der Behandlung gelingen wird, die negativen Übertragungen gemeinsam zu verstehen und schrittweise aufzulösen.

Ebenso können Ängste vor Beschämung den Fortgang einer Therapie in Frage stellen. Durch eine Psychoanalyse werden die gewohnten Abwehrmechanismen hinterfragt und kommen dadurch dem Patienten seine bisher erfolgreich verdrängten Empfindungen und Handlungsimpulse zu Bewußtsein. Die damit verbundenen Schuldgefühle und Ängste vor Ablehnung

können so heftig werden, daß der Patient in eine vorübergehende Krise geraten kann. Der zu diesem
Zeitpunkt auftauchende Wunsch nach einer vorzeiti-
gen Beendigung der Behandlung zeigt, daß sich der
Patient einer weitergehenden Auseinandersetzung
mit den aus der Verdrängung auftauchenden Anteilen seiner Persönlichkeit entziehen möchte. Dazu ein
Fallbeispiel:

Ein 38jähriger Mann erkrankt an einer Herzneurose, d. h.
wiederkehrenden und von Todesängsten begleiteten heftigen
Herzschmerzattacken. Mehrere Untersuchungen durch
Fachärzte und ein Klinikaufenthalt ergeben keinen Hinweis auf eine körperliche Ursache der Beschwerden. Sein
Hausarzt empfiehlt ihm schließlich eine Psychotherapie, da
die Erkrankung nur psychosomatisch zu erklären sei. Während der Psychoanalyse deutet sich über von dem Patienten
geschilderte Träume und Assoziationen ein Zusammenhang zwischen den Krankheitssymptomen und ehelichen
Konflikten an. Der Patient ist seit 16 Jahren verheiratet
und sehr eng an seine Frau gebunden; in den gesamten
Ehejahren habe es keinerlei Auseinandersetzungen zwischen ihm und seiner Frau gegeben, es sei alles sehr harmo-
nisch. Mit dem Fortschreiten der Therapie werden für den
Patienten jedoch bisher verdrängte Unzufriedenheiten und
Trennungswünsche spürbar. Sie lösen in ihm derart mas-
sive Ängste aus, daß er seinem Therapeuten telefonisch zu
verstehen gibt, daß eine Weiterführung der Behandlung für
ihn nicht in Frage komme: „Selbst wenn es so sein sollte,
daß es da einen Zusammenhang mit meinen Beschwerden
gibt - dann lasse ich mir eben weiter Tabletten verschrei-
ben!" Er bricht die Therapie ab, bevor er erfahren konnte,
daß man sich in einer Beziehung auseinandersetzen und
streiten kann, ohne daß es deswegen zu einer Trennung
kommen muß.

Es gibt aber auch Behandlungen, in denen Therapeut und Patient miteinander erkennen müssen, daß sie nicht zueinander „passen". Es gelingt dem Analytiker vielleicht nicht, seinem Patienten das zur Verfügung zu stellen, was dieser zu seiner Heilung benötigen würde. Eine Analyse kann wie jede andere Beziehung auch scheitern; sie kann aber bestenfalls an dem Punkt beendet werden, wenn Therapeut und Patient miteinander verstanden haben, warum eine weitere Zusammenarbeit nicht sinnvoll erscheint.

Der Analytiker versucht, in der Beziehung zum Patienten abstinent zu bleiben, nicht spontan zu reagieren und sowohl eigene Wünsche gegenüber seinem Patienten ebenso wie mögliche Übertragungswünsche des Patienten nicht zu erfüllen. Eine Psychoanalyse bedingt jedoch eine sehr enge und intensive Beziehung zwischen den beiden daran beteiligten Personen. Sie kann daher auch von einem konstruktiven zu einem destruktiven Geschehen entarten, wenn die geforderte Abstinenz vom Therapeuten nicht eingehalten wird.

In den letzten Jahren werden zunehmend häufiger Fälle von sexuellem Mißbrauch in einer Psychotherapie bekannt, meist zwischen einem männlichen Therapeuten und seiner Patientin. Auslöser sind häufig erotische Übertragungsgefühle einer Patientin ihrem Therapeuten gegenüber, der umgekehrt selbst zu wenig Halt und Befriedigung in seinem Privatleben findet und dadurch die eigenen sexuellen Wünsche nicht mehr adäquat analysieren und damit bewältigen kann. Es handelt sich für die Patientinnen oft um Wiederholungen sexuellen Mißbrauchs in der eigenen Kindheit: Viele von ihnen haben durch inzestuöse Beziehungen zu ihren Vätern in der Kindheit gelernt, daß sie nur über ihren Körper Zuwendung erhalten können. Wie andere Verhaltensmuster auch werden diese auf den Therapeuten übertragen - in der unbewußten Hoffnung, daß dieses Angebot von ihm nicht angenommen wird, anders als zuvor in ihrer Kindheit.

Im Gegensatz zu einer Reihe von feministisch orientierten Therapeutinnen bin ich nicht der Überzeugung, daß Patientinnen mit sexuellem Mißbrauch in der Kindheit nur von einer Frau behandelt werden sollten. Die therapeutische Beziehung zu einem männlichen Therapeuten kann ihnen statt dessen die Möglichkeit einer wichtigen korrigierenden Erfahrung bieten: daß Zuwendung und Verständnis nicht mit Sexualität erkauft werden müssen. Leider kommt es in einer Reihe von Fällen trotzdem zu einer tragischen Wiederholung des Mißbrauchs. Reagiert ein Therapeut auf dieses Übertragungsangebot nicht abstinent, begeht er einen schweren und meines Erachtens kaum verzeihlichen Fehler. Formen sexuellen Mißbrauchs geschehen leider auch in psychoanalytisch orientierten Therapien, obwohl Psychoanalytiker durch ihre langjährige Selbstanalyse und regel-

mäßige Supervision vor solchen Gegenübertragungs-
reaktionen geschützt sein sollten. Im Fall eines sexuellen Übergriffs durch einen Therapeuten ist die Behandlung sofort abzubrechen; die betroffene Patientin sollte sich unter den Schutz einer Psychotherapeu-
tin begeben, um diesen fatalen Ausgang der Behandlung bewältigen zu können.

– 10 –
Fallbeispiel einer psychoanalytischen Behandlungsstunde

Das Beispiel stammt aus der Behandlung einer 24jährigen verheirateten Frau, die wegen wiederkehrender, sehr schmerzhafter Unterleibsbeschwerden unklarer Herkunft eine tiefenpsychologisch orientierte Psychotherapie absolviert. Fachärztliche Untersuchungen durch einen Internisten, einen Gynäkologen sowie ein kurzer diagnostischer Krankenhausaufenthalt hatten keine organischen Ursachen für die Beschwerdesymptomatik erbracht. Daraufhin wurde der Patientin von ihrem Frauenarzt eine Psychotherapie empfohlen. Sie zögerte zunächst, ob sie der Empfehlung folgen sollte, suchte sich aber nach einigen Wochen einen Behandlungsplatz. Die Therapie findet einmal wöchentlich im Sitzen statt; der folgende Gesprächsausschnitt stammt aus der 8. Behandlungsstunde.

Pat.: „Ich glaube, heute fällt mir gar nichts ein - vielleicht ist es besser, Sie fragen mich was. Ich habe heute morgen schon überlegt, worüber wir sprechen könnten, aber mir ist kein Thema eingefallen."

Th.: „Vielleicht hat es ja eine Bedeutung, daß Ihnen gar nichts einfallen will. Ich erinnere mich an unsere letzte Stunde - da schien es Ihnen ja auch sehr schwer zu fallen, etwas von sich zu berichten."

Pat.: „Das kann schon sein. Das Komische ist ja auch, daß mir heute morgen nur mit Mühe eingefallen ist, worüber wir in der letzten Stunde gesprochen haben. Ich habe versucht, mich daran zu erinnern - aber es war zunächst so, als ob alles weg wäre, wie gelöscht."

Th.: „Wenn Sie daran denken, daß es Ihnen in der Stunde auch schwer gefallen ist, darüber zu sprechen, und es Ihnen heute morgen nur mit Mühe wieder eingefallen ist, könnte es ja bedeuten, daß es für Sie beunruhigend war, worüber wir gesprochen haben."

Pat.: „Wir haben über meinen Mann gesprochen - und unsere Sexualität?"

Th.: „Mhhm."

Pat.: „Nach der Stunde bin ich ganz aufgeregt gewesen. Ich dachte, jeder sieht es mir auf der Straße an, daß wir darüber gesprochen haben. Dabei ist das etwas, worüber ich sonst mit niemandem spreche. In meinem Elternhaus gab es das Thema Sexualität überhaupt nicht, darüber wurde nie geredet. Ich kann mich nicht einmal daran erinnern, meine Eltern jemals nackt gesehen zu haben. (Schweigepause) Das steckt tief in mir drin - ich schäme mich z. B. immer noch ein bißchen, wenn mein Mann mich nackt anschauen will. (Schweigepause) Gerade fällt mir etwas anderes ein: Vorgestern habe ich meine Freundin Karin getroffen. Wir haben uns länger miteinander unterhalten und sie hat mich auch nach der Therapie gefragt - worüber wir sprechen, was Sie zu mir sagen und so. Ich weiß nicht warum, aber ich wollte eigentlich nichts zu ihr sagen - aber sie hat eine so offene Art zu fragen, daß ich ihr dann doch andeutungsweise davon erzählt habe, worum es hier geht. Dabei habe ich mich zum wiederholten Mal gefragt, wo das hier wohl noch hinführen wird. Die Karin hat ja auch vor zwei Jahren eine Psychotherapie begonnen und läßt sich jetzt von ihrem Mann scheiden."

Th.: „Vielleicht fürchten Sie, das könnte auch das Ender-
gebnis Ihrer Therapie sein - daß Sie nach zwei Jahren
geschieden sind."

Pat.: „Ja, irgendwie schon. Und dann habe ich nach der
letzten Stunde auch noch gedacht: Tut dir das überhaupt gut - über die Dinge zu reden, alles aufzuwüh-
len? Ist es nicht besser, die Dinge einfach zu vergessen oder zu verdrängen? Wir haben doch in unserer
Ehe keine außergewöhnlichen Probleme - die gibt es
doch oft, und die anderen Ehepaare brauchen doch
auch keine Psychotherapie! In der ersten Stunde haben Sie zu mir gesagt, daß ich wohl oft nach dem
Motto vorgehen würde: Augen zu und durch! Natürlich stimmt das. (Schweigepause) Und ich merke,
daß mir das Angst macht, über meine Ehe zu sprechen, und am liebsten würde ich die Augen zuknei-
fen, wenn das ginge."

Th.: „Das klingt so, als ob Sie fürchten würden: Wenn ich
erst einmal über meine Ehe und unsere Sexualität
spreche, dann kann es nur in einer Ehescheidung en-
den. Dabei zeigt eigentlich die klinische Erfahrung,
daß diejenigen Ehen eine größere Chance haben, in
denen es den Ehepartnern gelingt, offen über ihre
Probleme zu sprechen."

Pat.: „Das sagt meine Freundin auch. Die versucht ja sogar, mir Mut zu machen, mit meinem Mann zu sprechen. Aber ich glaube, wir haben keine gemeinsame
Sprache, obwohl wir jetzt schon drei Jahre verheiratet
sind. Ich weiß, daß ich alles, was ich Ihnen in den Stunden sage, eigentlich auch meinem Mann sagen müßte -
aber irgendwie packe ich das nicht. Ich weiß nicht, wie
er darauf reagieren würde, wenn ich ihm sage, daß ich
eigentlich keine Lust darauf habe, mit ihm zu schlafen.
Daß ich noch nie wirklich ein Verlangen danach gespürt habe, mit ihm intim zu sein - auch bei meinen
früheren Freunden nicht. Ich glaube, da wäre er
schockiert. Und dann käme die Frage: ‚Ja sag mal,

hast Du mir das dann die ganze Zeit vorgespielt?'
Und ich müßte dann ja sagen, ich habe so getan als
ob, weil ich gewußt habe, daß Du das brauchst und
Du dich sonst von mir trennst. (Schweigepause) Das
können Sie doch nicht im Ernst von mir erwarten,
daß ich das meinem Mann sage - oder?"

Th.: „Sie fürchten, wenn das rauskommt, ist Ihr Mann
vollkommen wütend auf Sie und alles ist noch viel
schlimmer als vorher. Aber vielleicht müßte das gar
nicht so sein. Sie haben sich ja aus Angst so verhalten
und vielleicht wäre es Ihrem Mann doch möglich, das
zu verstehen."

Pat.: „Aber wissen Sie, dann wird er mich fragen, wie es
jetzt eigentlich ist, ob ich überhaupt mit ihm schlafen
will. Und dann müßte ich ja so ehrlich sein und ihm
sagen, daß es mir am liebsten wäre, wenn er mich in
Ruhe läßt. Das kann ich doch keinem Menschen zu-
muten! (Schweigepause) Ich finde es schlimm, daß
ich solche Gefühle habe. Zu Hause vergesse ich vieles von dem, denke nicht darüber nach, lenke mich
ab. Und hier, wenn wir darüber sprechen, taucht das
alles in unmittelbarer Heftigkeit auf. Dann kann ich
nicht mehr daran vorbei und fühle mich schlecht dabei. Aber es ist eben so, daß mir das Miteinander-
Schlafen keinen Spaß macht - nie Spaß gemacht hat.
Zärtlich sein ja, da kann ich gar nicht genug davon
bekommen, aber wenn er mit mir schlafen will, ver-
schließt sich irgend etwas in mir. (lange Schweigepause) Man könnte gerade meinen, meine Unterleibsbeschwerden hätten damit etwas zu tun - denn
wenn ich Bauchschmerzen habe, schlafen wir nie miteinander. Da nimmt mein Mann Rücksicht auf mich.
(Errötet) Mein Gott, vielleicht bin ich sogar froh,
daß ich die Beschwerden habe, denn dann habe ich
eine Ausrede, warum es einfach nicht geht. Es tut
eben einfach alles weh. Glauben Sie etwa, ich bilde
mir das alles nur ein?"

Th.: „Nein, Sie haben Schmerzen - so, wie Sie es mir im Erstgespräch geschildert haben, sogar heftige Schmerzen und leiden sehr darunter. Aber Sie sagen auch, wenn Sie Ihre Unterleibsbeschwerden haben, verschont Sie Ihr Mann mit seinen Wünschen nach Sexualität."

Pat.: „Ja, mein Mann ist wirklich liebevoll - der sagt dann, ‚lege dich hin und schon dich ein bißchen, dann wird das bestimmt besser'."

Th.: „Das könnte ja bedeuten, daß Sie Ihre Beschwerden gar nicht verlieren dürfen - denn die schützen Sie vor der Sexualität. Sie sind krank und haben damit eine ‚Rechtfertigung', nicht mit Ihrem Mann schlafen zu müssen."

Pat.: „Ich muß gestehen, das ist mir auch gerade durch den Kopf gegangen. Was wäre, wenn ich keine Schmerzen mehr hätte? Dann müßte ich ihm wieder etwas vorspielen oder endlich mit ihm darüber reden."

Th.: „Ja, und ich denke, es fällt Ihnen so schwer, mit Ihrem Mann darüber zu sprechen, weil Sie es nie gelernt haben. In Ihrem Elternhaus war - so wie Sie es beschreiben - das Thema Sexualität tabu. Wie sollten Sie also jetzt plötzlich darüber unbefangen sprechen können?"

Kommentar:

Die Stunde verdeutlicht den immer wieder auftauchenden Widerstand in einer aufdeckenden Psychotherapie und seine Bearbeitung („Widerstandsanalyse"). Der Patientin fällt zu Beginn der Stunde nichts ein, sie kann sich auch nur schwer an die Inhalte der letzten Stunde erinnern. Der Zusammenhang wird schnell deutlich: Es ist das für sie bedrohliche Thema der für sie unbefriedigenden sexuellen Beziehung zu ihrem Ehemann, dem sie gerne ausweichen möchte. Sie hat nie gelernt, darüber zu sprechen; zudem fürchtet sie, ihr Mann werde wütend reagieren, wenn sie ihm ihre sexuelle Not offenbart. Im weiteren Verlauf der Stunde kann sie selbst einen Zusammenhang zwischen dem Symptom (schmerzhafte Unterleibsbeschwerden) und ihrer sexuellen Störung (sexuelle Lustlosigkeit) herstellen: Das Symptom ermöglicht es ihr, sexuellen Annäherungen des Ehemannes ausweichen zu können, ohne über ihre seelischen Empfindungen sprechen zu müssen.

Offen bleibt zu diesem Zeitpunkt die unbewußte Bedeutung der sexuellen Störung: Warum kann sie ihren Mann nicht begehren, empfindet weder bei ihm noch bei ihren früheren Freunden sexuelle Lust?

Die Couch
und andere Behandlungsformen

Die Couch steht als das Symbol schlechthin für die Psychoanalyse. Sie stellt jedoch nur eine der vielen Behandlungsmöglichkeiten dar, die von Psychoanalytikern entwickelt worden sind. Aus der klassischen Psychoanalyse im Liegen mit 3 - 5 Stunden pro Woche haben sich eine Reihe von modifizierten Behandlungsverfahren entwickelt, die inzwischen zur Anwendung kommen:

a) analytische Psychotherapie (Psychoanalyse)
b) die tiefenpsychologisch fundierte Psychotherapie
   davon als Sonderformen:
   die Kurzpsychotherapie
   die Fokaltherapie
   die dynamische Psychotherapie
   die niederfrequente Langzeittherapie
c) Gruppenanalyse
d) psychoanalytische Paar- und Familientherapie
e) psychoanalytische Kinder- und Jugendpsychotherapie
f) symptomzentrierte Behandlungsverfahren

Analytische Psychotherapie (Psychoanalyse)
Die Psychoanalyse mit mehreren Behandlungsstunden pro Woche stellt die ursprünglich von FREUD entwickelte Behandlungsform dar; der Begriff „ana-

lytische Psychotherapie" wird im Zusammenhang mit den in der Bundesrepublik geltenden Psychotherapierichtlinien (siehe Kap. 13) verwendet und stellt eine Anwendungsform der Psychoanalyse mit dem Schwerpunkt auf der Behandlung von seelischen Krankheiten dar.

Bei der analytischen Psychotherapie wird der neurotische Konfliktstoff *und* die zugrundeliegende neurotische Struktur des Patienten behandelt. Sie wird in der Regel im Liegen durchgeführt; der Analytiker sitzt hinter der Couch auf einem Sessel, so daß der Patient ihn zwar hören, aber nicht sehen kann. Diese Anordnung wirkt auf viele Menschen zunächst beunruhigend: Keinen unmittelbaren Blickkontakt mehr zu haben, die Reaktionen des Gegenübers nicht mehr wahrnehmen zu können und damit ein Stück „Kontrolle" über die Situation zu verlieren. Gleichzeitig entsteht dadurch aber auch die Möglichkeit, sich mehr auf sich selbst, das eigene Innenleben und die daraus aufsteigenden Einfälle und Empfindungen konzentrieren zu können und nicht immer wieder durch Außenwahrnehmungen abgelenkt zu werden. Durch das Setting wird die Regression gefördert, d. h. das Wiederauftauchen kindlicher Erinnerungen und Erlebensmuster. Ziel der Behandlung ist ja, dem Patienten schrittweise einen Zugang zu in ihm verborgenen Ängsten, Wünschen und Konflikten zu verschaffen.

Eine Behandlungsstunde dauert in der Regel 50 Minuten, damit dem Therapeuten zwischen den aufeinanderfolgenden Behandlungen Zeit bleibt, um schriftliche Aufzeichnungen anfertigen und sich innerlich auf den nächsten Patienten einstellen zu können. Die Häufigkeit der Behandlungsstunden liegt zwischen einer und fünf Stunden pro Woche bei einer Gesamtdauer von etwa 2 - 4 Jahren. In manchen Fällen wechselt die Stundenfrequenz mit dem Verlauf der Behandlung; so kann z. B. eine einstündige Therapie später in eine Psychoanalyse mit drei Wochenstunden übergehen. Umgekehrt beenden manche Therapeuten ihre Behandlungen mit einem schrittweisen „Ausdünnen" der Stunden, d. h. die einzelnen Therapiestunden werden in immer größer werdenden Abständen vereinbart.

Tiefenpsychologisch fundierte Psychotherapie
Wie in der klassischen Psychoanalyse ist auch in der tiefenpsychologisch fundierten Psychotherapie die Bearbeitung der unbewußten Ursachen neurotischer Konflikte das Behandlungsziel. Sie konzentriert sich jedoch auf deutlich abgrenzbare, aktuelle Konflikte des Patienten und vermeidet eine tiefergreifende Regression, wie sie bei einer Psychoanalyse angestrebt wird. In den Interventionen des Therapeuten steht daher auch die gegenwärtige Situation im Vordergrund. Die Therapiesitzungen finden in der Regel im Sitzen statt. Wegen der umschriebenen Behandlungs-

ziele sind die tiefenpsychologisch fundierten Psycho-
therapieformen zeitlich begrenzt und dauern durchschnittlich zwischen ein und zwei Jahren.

Kurzpsychotherapie

Bei einer Reihe von Patienten ist keine Langzeitbe-
handlung erforderlich und ihnen wird deshalb eine
Kurzpsychotherapie angeboten. Sie umfaßt zwischen
15 und 40 Stunden im Sitzen. Der inhaltliche Schwerpunkt liegt auf der Bearbeitung der aktuellen Le-
benssituationen und mit ihr verbundener, deutlich
abgrenzbarer Konflikte. Die Kurzzeitpsychotherapie
wird z. B. bei Lernstörungen, Examensängsten oder
deutlich reaktiv ausgelösten Depressionen (z. B.
nach Scheidung oder einem Todesfall) erfolgreich angewandt. Auch bei dieser Behandlungsform ist das
Ziel eine vertiefte Selbstwahrnehmung und Bewußt-
seinserweiterung, jedoch unter Verzicht auf eine tiefgreifende Aufarbeitung der Lebensgeschichte des
Patienten. Im Gegensatz zur Psychoanalyse verlangt
die Kurzzeitpsychotherapie eine deutlich größere
Aktivität des Therapeuten, um das Behandlungsziel
in der vorgesehenen Zeit gemeinsam erreichen zu
können.

Fokaltherapie

Die Fokaltherapie wurde von dem ungarischen Psychoanalytiker MICHAEL BALINT (1896-1970) entwickelt und begrenzt die Behandlung auf einen von

Patient und Therapeut gemeinsam formulierten Fokus (lateinisch: focus = Brennpunkt), also einen zentralen Beziehungskonflikt, der gezielt aufgearbeitet wird. Taucht in der Fokaltherapie weiteres Konfliktmaterial auf, wird es nicht systematisch bearbeitet oder interpretiert.

Dynamische Psychotherapie
Die dynamische Psychotherapie wurde von der deutschen Psychoanalytikerin ANNEMARIE DÜHRSSEN begründet. Im Gegensatz zur „klassischen" Psychoanalyse ist der behandelnde Analytiker wesentlich aktiver, fragt mehr nach, konfrontiert den Patienten mit eigenen Wahrnehmungen und fördert auf diesem Weg die Bearbeitung der neurotischen Problematik und der zugehörigen Ich-Einschränkungen. Neben der aktiveren Vorgehensweise des Therapeuten zeichnet sich die dynamische Psychotherapie durch ein sehr flexibles Arrangement hinsichtlich der Dichte der Behandlungsstunden aus: je nach Befindlichkeit des Patienten werden die Stunden in kürzeren oder längeren Zeitabständen miteinander vereinbart.

Niederfrequente Therapie in einer längerfristigen, Halt gewährenden therapeutischen Beziehung
Sie stellt eine Ausnahme unter den tiefenpsychologisch fundierten Therapieverfahren dar, da sie zur Behandlung zweier unterschiedlicher Patientengruppen konzipiert wurde: Einerseits für Patienten, bei

denen äußere Lebensereignisse (z. B. ein laufendes Scheidungsverfahren usw.) eine Begleitung und Hilfe bei den sich daraus ergebenden innerpsychischen Konflikten notwendig machen. Andererseits ist sie für Menschen mit Krankheitsbildern geeignet, die sich vorwiegend durch Defizite in der Ich-Entwicklung oder Persönlichkeitsstörungen auszeichnen. Die Therapiesitzungen finden in 14tägigem oder größerem Abstand statt; ein Schwerpunkt der Behandlung liegt im „Halt-Geben", das für Menschen mit schweren seelischen Beeinträchtigungen von außerordentlicher Bedeutung ist.

Gruppenanalyse

Analytische Gruppen bestehen in der Regel aus 8 - 10 Teilnehmern sowie einem Gruppenleiter. Psychoanalytische Großgruppen mit mehr als 20 Teilnehmern sind bisher in der Bundesrepublik eine Ausnahme - obwohl sie eine faszinierende Möglichkeit bieten, eigene Erlebens- und Verhaltensweisen kennenzulernen, wenn man einer größeren Anzahl von Menschen ausgesetzt ist. Die Gruppen treffen sich mit ihrem Therapeuten (und evtl. einem zusätzlichen Cotherapeuten) in der Regel einmal in der Woche für 90 Minuten über einen Zeitraum von 1 - 2 Jahren. Auch hier gilt die Grundregel, möglichst offen über alle eigenen Empfindungen, Gefühle und Phantasien zu sprechen. Während die ersten Stunden vom wechselseitigen Kennenlernen gekennzeichnet sind, bilden sich mit der Zeit in der Gruppe zwischen den Mitgliedern unterschiedliche Beziehungsmuster aus.

Je nach Ausbildung und theoretischem Hintergrund bearbeitet der Therapeut verschiedene thematische Schwerpunkte. Er kann wie in einer analytischen Einzeltherapie Lebensgeschichte und Konflikte einzelner Gruppenmitglieder ansprechen und deuten („Psychotherapie des Einzelnen *in* der Gruppe"). Er kann aber auch die Gruppe als eine Einheit betrachten und deren Entwicklung und Funktionsweise bearbeiten: z. B. unbewußte Erwartungshaltungen der Gruppe gegenüber dem Gruppentherapeuten, Umgang der Gruppe mit Konflikten innerhalb der Gruppe usw. („Psychotherapie *der* Gruppe"). In der therapeutischen Alltagspraxis werden die beiden Ebenen jedoch häufig vermischt: Es werden sowohl Deutungen auf der Einzel- als auch auf Gruppenebene gegeben.

Die Auseinandersetzung mit den anderen Gruppenmitgliedern ermöglicht auch ein „Modell-Lernen", d. h. jeder Teilnehmer kann bei den anderen beobachten, wie diese z. B. mit Konflikten umgehen und welche Lösungsstrategien sie wählen. Wie in der Einzeltherapie versucht der Analytiker, unbewußte Gruppenprozesse wahrzunehmen und den Teilnehmern zu verdeutlichen. Mit zunehmender Vertrautheit wird diese Aufgabe immer mehr von den Gruppenmitgliedern selbst übernommen: Sie werden für die Gruppen-

prozesse sensibilisiert und versuchen, ihre Wahrnehmungen den anderen Teilnehmern mitzuteilen. Die
analytische Gruppentherapie vermittelt dadurch bes-
sere Fähigkeiten zum sozialen Miteinander, d. h. die
Teilnehmer gewinnen schrittweise mehr soziale
Sicherheit.

Psychoanalytische Paar- und Familientherapie
Die Alltagserfahrungen zeigen, daß viele Paarbezie-
hungen durch Konflikte belastet sind und schließlich
an der Unmöglichkeit scheitern, sich über diese Be-
reiche konstruktiv auseinanderzusetzen. Häufig sind
beiden Partnern die tieferliegenden Ursachen dieser
destruktiven Dynamik weitgehend unbewußt, die
sich wegen des daraus resultierenden „Nicht-Verste-
hen-Könnens" immer weiter zuspitzen kann. In diesen Fällen kann eine psychoanalytische Paar- und Familientherapie indiziert sein.

Zum Verständnis der Dynamik einer Paarbeziehung
ist es notwendig, die (unbewußten) Erwartungen beider Partner aneinander aufzuarbeiten. Die Erfahrung zeigt, daß es kein Zufall ist, welche Menschen
sich als Partner wählen, und daß dabei neben äußeren
Faktoren wie Attraktivität, sozialem Status oder dem
Alter auch uns unbewußte Faktoren eine bedeutsame
Rolle spielen. Der Psychoanalytiker und Familien-
therapeut HELM STIERLIN spricht in diesem Zusammenhang von einer Art „innerem Kompaß", der
uns dazu führt, uns auf bestimmte Menschen zuzu-

bewegen und sie als potentielle Partner zu sehen. Wir sehnen uns nicht nur danach, Neues kennenzulernen, sondern auch, Vertrautes wiederzufinden. Kommt eine Liebesbeziehung zustande, werden auch hier Übertragungsvorgänge aktiviert: Wir erwarten von dem Partner, daß er sich in der von uns (unbewußt) erwarteten Weise verhält. Beide Partner entwickeln eine *auch* durch ihre jeweilige Vergangenheit geprägte Beziehungsform mit entsprechenden Rollenverteilungen. Ein *Fallbeispiel* soll das verdeutlichen:

Ein Paar bittet um eine Beratung, da es zunehmend häufiger zu schwerwiegenden Auseinandersetzungen komme. Wiederkehrendes Thema sei dabei die berufliche Entwicklung der Frau, durch die sich der Partner immer mehr bedroht fühle. In den Paargesprächen wird von ihnen folgende Entwicklung geschildert:

Der 37jährige Ehemann, von Beruf Architekt, hatte vor 10 Jahren seine jetzt 32jährige Ehefrau kennengelernt und nach zwei Jahren geheiratet. Zum damaligen Zeitpunkt sei seine Frau noch sehr an zu Hause gebunden gewesen und habe sich erst durch ihn ablösen können. In den folgenden Jahren sei er der Starke und Haltgebende in der Beziehung gewesen, seine Ehefrau habe sich eher an ihn angelehnt. In den letzten drei Jahren habe sich seine Frau zunehmend verselbständigt und inzwischen sogar ein Studium begonnen. Er fühle sich immer mehr zurückgewiesen und enttäuscht, seine Frau umgekehrt fühle sich eingeengt und in ihren Entwicklungsplänen behindert.

Der zentrale Beziehungskonflikt steht in Zusammenhang mit den unbewußten Erwartungen bei der Wahl der Partner: Der Ehemann suchte nach einer Frau, die ihn durch ihre Passivität und Anlehnungsbedürfnisse als Mann bestätigen sollte. Sie suchte umgekehrt nach einem Partner, der ihr Halt geben und gleichzeitig die Ablösung vom Elternhaus ermöglichen sollte. Im weiteren Verlauf der Beziehung kam es jedoch zu einer Veränderung dieser gegenseitigen Erwartungen; sie verselbständigte sich zunehmend und forderte dazu seine Zustimmung, während er sich dadurch immer mehr in seiner Männlichkeit bedroht fühlte. Ihre Veränderung bzw. Weiterentwicklung stellte das zuvor stabile Beziehungsgefüge in Frage.

In einer psychoanalytisch orientierten Paartherapie wird einem Paar gemeinsam oder mehreren Paaren in einer Gruppe die Möglichkeit gegeben, sich über die unbewußten Wurzeln ihrer aktuellen Konflikte bewußt zu werden und nach neuen Lösungsmustern zu suchen.

Inzwischen ist man dazu übergegangen, in dazu geeigneten Fällen nicht nur einen einzelnen Patienten oder ihn gemeinsam mit seinem Partner zu behandeln, sondern die ganze Familie in die Behandlung mit einzubeziehen. Gerade wenn sich in den diagnostischen Gesprächen ergibt, daß in der Familie störende Beziehungsmuster vorherrschen, z. B. familiäre Konflikte nicht offen ausgetragen werden können, kann eine psychoanalytische Familientherapie indiziert sein. Dazu werden Eltern, ihren Kindern und weiteren Angehörigen der Familie wie den Großeltern gemeinsame Therapiesitzungen angeboten. Dazu ein *Fallbeispiel:*

Eine 17jährige Patientin wird wegen ihrer Pubertätsmagersucht (Anorexia nervosa) in die Ambulanz einer psychosomatischen Fachklinik überwiesen. Die Patientin hungert nach eigenen Angaben ihren eigenen Körper immer mehr aus, wiege derzeit bei einer Körpergröße von 174 cm noch 43 kg. Trotzdem fühle sie sich immer noch zu fett, leide unter der Vorstellung, einen zu dicken Po und zu dicke Oberschenkel zu haben. Die Überweisung in die Klinik durch den Hausarzt sei gegen ihren Willen erfolgt - sie fühle sich in keiner Weise krank oder behandlungsbedürftig.

Die diagnostischen Erstgespräche ergeben folgenden Befund: Die Patientin leidet unter ausgeprägten Ängsten vor ihrer sich schrittweise entwickelnden Weiblichkeit und aufkeimenden sexuellen Wünschen und Phantasien. Indem sie ihren Körper „aushungert", kann er für sie (unbewußt) nicht weiblich und damit begehrenswert werden. Die Ängste beruhen auf einer Identifikation mit ihrer Mutter, die ihre eigene Weiblichkeit immer abgelehnt hatte und der Tochter kein positives Vorbild vermitteln konnte.

Zusätzlich wurde die familiäre Situation durch das Ausscheiden der zwei Jahre älteren Schwester der Patientin erschwert, die wegen ihres Studienbeginns in einer weit entfernten Stadt vor einem Jahr ausgezogen war. Die Mutter fühlte sich durch die ebenfalls bald anstehende Ablösung der Patientin bedroht, da der Vater sich schon viele Jahre dem Familienleben entzogen und die Mutter mit den beiden Töchtern alleine gelassen hatte. Die Patientin geriet durch das anstehende Abitur und ihre eigenen Studienpläne in einen ihr unbewußten Loyalitätskonflikt: Entweder die eigenen Studienpläne zu verwirklichen und auszuziehen oder zu Hause zu bleiben, um damit die Mutter zu unterstützen.

Wegen dieser Verquickung von unbewußten Motiven, die nicht nur die Patientin, sondern die gesamte Familie betreffen, wurde ihr eine gemeinsame Therapie angeboten. Durch die Aufarbeitung der „unsichtbaren Bindungen" zwischen der Tochter und ihrer Mutter, der Identifikationen sowie der konflikthaften Beziehung zwischen den Eltern konnte die Patientin schließlich ihr Eßverhalten normalisieren und sich schrittweise vom Elternhaus ablösen.

Psychoanalytische Kinder- und Jugendpsychotherapie
Viele neurotische oder psychosomatische Krankheitsbilder sind bereits bei Kindern und Jugendlichen zu beobachten und sind Ausdruck seelischer Entwicklungs- und Entfaltungskonflikte. Ihre Behandlung wird von darauf spezialisierten analytischen Kinder- und Jugendpsychotherapeuten durchgeführt.

Das folgende Beispiel zeigt eine typische Konfliktsituation, die bei einem Kind neurotische Krankheitssymptome auslösen kann:

Der 4-jährige Alexander wird von seinen Eltern wegen ständigen Einnässens einer Psychagogin vorgestellt. Er habe sich bisher normal und ohne größere Probleme entwickelt und sei mit zweieinhalb Jahren sauber gewesen. Vor einem halben Jahr habe er nach der Geburt seiner Schwester plötzlich wieder angefangen, einzunässen. Sie hätten es zunächst nicht weiter ernst genommen und an eine vorübergehende Erscheinung geglaubt; inzwischen sei jedoch ein halbes Jahr vergangen und an der Symptomatik habe sich nichts geändert. Weder gutes Zureden noch Ermahnungen hätten Erfolg gezeigt, sie fühlten sich inzwischen ratlos. Der hinzugezogene Kinderarzt habe ihnen jetzt empfohlen, eine psychologische Beratung in Anspruch zu nehmen.

Die Angaben der Eltern lassen einen Rivalitätskonflikt vermuten: Alexander fühlt sich durch die Geburt seiner Schwester „entthront" und zurückgesetzt: Plötzlich dreht sich die Aufmerksamkeit nicht mehr um ihn, sondern um seine Schwester, mit der er teilen soll. In dieser Situation kommt es zu einer Regression, d. h. Alexander gibt einen seiner bisher erreichten Entwicklungsfortschritte (seine Sauberkeitsgewöhnung) auf und wird damit wieder zum pflege- und zuwendungsbedürftigen Kleinstkind.

Eine psychoanalytisch orientierte Behandlung eines Kindes vollzieht sich nach den gleichen theoretischen Grundlagen, die auch für erwachsene Patienten gelten. Die Behandlungsmethoden sind allerdings der besonderen Situation der Kinder angepaßt. Häufig werden die unbewußten Konflikte in einer *Spieltherapie* bearbeitet. Das Kind stellt dabei seine seelischen Probleme auf einer symbolischen Ebene im Spiel in anschaulicher Weise dar. Der Therapeut spielt selbst mit, indem er z. B. die vom Kind verwendeten Puppen, Tiere oder Kasperlefiguren sprechen läßt. Er kann auf diesem Weg unterdrückte Wünsche oder Handlungsimpulse des Kindes äußern und einer Bearbeitung zugänglich machen.

Zu der Kinderpsychotherapie gehören in der Regel auch begleitende Gespräche mit den Eltern und weiteren wichtigen Bezugspersonen, um ihnen ein tiefergreifendes Verständnis für die seelischen Konflikte ihres Kindes zu vermitteln. Im Rahmen dieser Gespräche werden auch gemeinsame Überlegungen angestellt, wie die Eltern zu Hause günstige Bedingungen für die Heilung ihres Kindes herstellen können. So zeigen sich z. B. in manchen Familien bestimmte Rollenzuweisungen der Eltern an ihre Kinder, Koalitionsbildungen oder Wiederholungen eigener gestörter Verhaltensmuster, die dem Kind eine eigenständige seelische Entwicklung erschweren. Die Einsicht in diese ihnen selbst unbewußten Ursachenbedingungen ermöglicht es den Eltern, die Psychotherapie ihres erkrankten Kindes konstruktiv zu unterstützen.

Die Psychotherapie Jugendlicher legt entsprechend dem weiter fortgeschrittenen Entwicklungsstadium der Patienten den Schwerpunkt mehr auf verbale Interventionen. Neben der Bearbeitung neurotischer Konflikte werden - soweit es erforderlich erscheint - die Lösung phasentypischer Schwierigkeiten der Pubertät mit in die Behandlung eingebunden.

Symptomzentrierte Behandlungsverfahren
Die klinische Erfahrung hat gezeigt, daß bei bestimmten Symptombildungen ein tiefenpsychologisches, d. h. aufdeckendes Therapieverfahren alleine nicht ausreicht. Der Patient braucht zusätzlich zur Einsicht in die Ursachen seiner Erkrankung und die mit einer psychoanalytischen Behandlung verbundenen Beziehungserfahrung konkrete Hilfestellungen beim Umgang mit der jeweiligen Krankheitssymptomatik. Eine Indikation zu einem solchen symptomzentrierten Vorgehen ist beispielsweise dann gegeben, wenn das Symptom eine Eigendynamik entwickelt hat. Dazu ein *Fallbeispiel:*

Eine 23jährige Patientin stellt sich wegen einer Bulimie in der Ambulanz einer psychosomatischen Klinik vor. Sie leide seit etwa zwei Jahren unter dieser Erkrankung, habe jeden Tag mehrere Eßanfälle, bei denen sie mehrere tausend Kalorien zu sich nehme und die sie anschließend erbreche. Während sie zu Beginn der Erkrankung nur ein- oder zweimal pro Woche eine Eßattacke erlebt habe, seien inzwischen 5 - 6 Anfälle pro Tag keine Ausnahme mehr. Mehrfach habe sie versucht, die Symptomatik alleine zu beherrschen, es gelinge ihr aber nicht, da sie inzwischen über keinerlei steuernde Gefühle von Hunger, Sättigung oder Nahrungsmengen mehr verfüge.

Der Patientin wird ein symptomzentriertes Vorgehen angeboten, das aus zwei Bausteinen zusammengesetzt ist: Ihr werden einerseits konkrete Hilfestellungen beim Umgang mit der Eßproblematik gegeben (z. B. Erstellung von genauen Eßplänen für jeden Tag, Protokollierung der auslösenden Situationen beim Auftreten eines Eßanfalls, Gewichtskontrolle usw.) Andererseits werden begleitende therapeutische Gespräche angeboten, in denen die der Störung zugrunde liegende seelische Problematik aufgearbeitet und der Umgang mit der Erkrankung besprochen wird.

Ein ähnliches, jeweils auf das spezielle Symptom bezogenes Vorgehen kann auch bei der Behandlung der Pubertätsmagersucht (Anorexia nervosa) oder ausgeprägten Phobien (z. B. Ängste vor weiten oder engen Räumen) angewandt werden. Eine Besonderheit stellen die sexuellen Funktionsstörungen dar, bei denen zunehmend häufiger eine gemeinsame Behandlung des betroffenen Paares vorgeschlagen wird.

– 12 –
Die Individualpsychologie Alfred Adlers und die Analytische Psychologie C. G. Jungs

Zwei enge Mitarbeiter FREUD's, ALFRED ADLER und CARL GUSTAV JUNG, wandten sich zwischen 1911 und 1913 von ihrem Lehrer ab und gründeten eigene psychotherapeutische Schulen. Beide zweifelten an der zentralen Bedeutung der Sexualität für die Entwicklung des Menschen, die von FREUD als eine der unumstößlichen Dogmen der Psychoanalyse angesehen wurde. Beide haben ein - teilweise stark voneinander abweichendes - Modell des menschlichen Seelenlebens entworfen und eigene Methoden zur Behandlung seelischer Krankheiten entwickelt.

Die Individualpsychologie

Alfred ADLER's (1870 - 1937) theoretischer Ansatz gründet sich auf Friedrich NIETZSCHE's (1844 - 1900) Auffassung vom Leben als Wille zur Macht. Er verband diese Auffassung mit der sozialpsychologischen Situation des Kleinkindes, das nach seiner Überzeugung durch Empfindungen von Hilflosigkeit und Unterlegenheit gegenüber den Erwachsenen geprägt sei. Diese *„Minderwertigkeitsgefühle"* seien dafür verantwortlich, daß Menschen kompensatorisch ein *Machtstreben* entwickeln, das normale, aber auch neurotische Ausmaße annehmen könne. Die Minderwertigkeitsgefühle könnten durch ungenügende Organfunktionen (z. B. Sprachfehler oder eine Gehbehinderung) oder auch durch eine ablehnende Haltung der Eltern noch weiter verstärkt werden. Der Wunsch nach Erhöhung des Persönlichkeitsgefühls führe zur Ausbildung von Sicherungstendenzen, den Wurzeln für die Entwicklung von Charakterzügen. Gelinge die Überwindung der Minderwertigkeitsgefühle - unterstützt durch ein dem Psychischen innewohnendem natürlichen Gemeinschaftsgefühl und eine auf eine freiheitliche Anpassung in die Sozialgemeinschaft zielende Erziehung - komme es zur Entwicklung einer gesunden Persönlichkeit. Eine Neurose sei immer Ausdruck eines unangemessen verarbeiteten Minderwertigkeitskomplexes, dessen Kompensation durch eine persönliche Machterhöhung und den Krankheitsgewinn der Neurose versucht werde.

ADLER beschäftigte sich auch intensiv mit dem Verhältnis der Geschwister untereinander - einen Aspekt, den FREUD in seiner Theoriebildung nur ansatzweise beschrieben hatte. ADLER beschrieb die *Geschwisterreihe* und die aus ihr folgenden typischen Konfliktkonstellationen: Der Älteste sei meist „Kronprinz", der sich vor allem gegen Entmachtungsversuche der jüngeren Geschwister zu schützen versuche, während das jüngste Geschwister in besonderer Weise durch Minderwertigkeitsgefühle bedroht werde und deshalb kompensatorisch zu hochstaplerischen Phantasien und Verhaltensweisen neige.

In der individualpsychologischen Therapie spielen die ursprünglichen Minderwertigkeitsgefühle, die daraus resultierenden Tendenzen des Machtstrebens und dessen Verarbeitungsmechanismen eine bedeutsame Rolle. Die Behandlung findet im Regelfall im Sitzen statt und beinhaltet im Gegensatz zur klassisch analytischen Vorgehensweise auch pädagogische Elemente wie Ermutigung oder auch moralische Forderungen. Die Individualpsychologie entwickelte sich nicht nur zu einem anerkannten psychotherapeutischen Verfahren, ihre Prinzipien wurden darüber hinaus vor allem von Lehrern und Erziehern im pädagogischen Bereich übernommen. So wurde die Idee der antiautoritären Erziehung und der antiautoritären Kindergärten von ADLER konzipiert. Die nach individualpsychologischen Grundsätzen arbeitenden Psychotherapeuten sind in der Bundesrepublik in der „Deutschen Gesellschaft für Individualpsychologie (DGIP)" zusammengeschlossen und werden in eigenen Lehrinstituten ausgebildet.

Die Analytische Psychologie

CARL GUSTAV JUNG (1875 - 1961) war Assistent an der berühmten Schweizer Nervenklinik „Burghölzli", an der die Anwendung psychoanalytischer Überlegungen zur Behandlung psychiatrischer Patienten erprobt wurde. JUNG kam 1907 nach Wien und wurde in den folgenden Jahren ein wichtiger Schüler FREUD's. Nach mehreren Jahren der Zusammenarbeit wandte er sich jedoch von seinem Lehrmeister und dessen Auffassungen ab; er bezweifelte ebenso wie ADLER die überragende Bedeutung der Sexualität für das menschliche Erleben und Verhalten. In seinen Schriften zur Theorie und Behandlungstechnik ging JUNG weit über den therapeutischen Bereich hinaus: Er beschäftigte sich intensiv mit Themen aus den Bereichen Alchemie, Astrologie, Mystik und Mythologie.

In den Überlegungen JUNG's spielen drei Begriffe eine zentrale Rolle: Der *Komplex,* der *Archetypus* sowie das *Symbol.*

Komplex: JUNG versteht darunter „gefühlsbetonte Vorstellungsgruppen im Unbewußten", die sich bei entsprechenden Vorbedingungen abspalten, autonom werden und ein zweites Ich bilden können. Im Gegensatz zur freien Assoziation FREUD's können die Komplexe durch gezielte Assoziationen ermittelt werden. Ihnen gegenüber sind verschiedene Verhaltensweisen möglich: Völlige Unbewußtheit ihrer Existenz, Identifizierung mit den Inhalten der Komplexe, Projektion sowie (als beste der genannten Möglichkeiten) bewußte Konfrontation und Auseinandersetzung mit ihnen. Komplexe sind hauptsächlich Anteil und Inhalt des persönlichen Unbewußten, lagern sich aber um Inhalte des sogenannten „kollektiven Unbewußten". Dieses kollektive Unbewußte stellt die geistig-seelische Erbmasse der gesamten Menschheitsentwicklung dar, die in jedem Menschen verankert ist. Die Kollektivpsyche verbindet alle Menschen miteinander und stellt den Boden zur Verfügung, aus dem sich das persönliche Unbewußte entwickelt.

Archetypen: Der unbewußten Seele zugehörige Bereitschaften zur seelischen Erfassung der Welt und ihrer Objekte. Sie sind vererbte, zeitlose Strukturen und Vorstellungsmöglichkeiten, in denen das Bewußtseinsmaterial zu bestimmten (bipolaren) Figuren geordnet werden kann. Ein Beispiel kann diese eher schwierige Definition vielleicht besser verdeutlichen. Eine der Archetypen beschreibt unsere inneren Bilder der Mutter. Er besitzt zwei entgegengesetzte Pole und Inhalte: Auf der einen Seite die nährenden, schützenden und pflegenden Aspekte, auf der anderen Seite die verschlingenden und zerstörerischen Aspekte. Wir begegnen diesen beiden Seiten des Mutter-Archetypus z. B. in den gespaltenen Bildern von guter Mutter und böser Stiefmutter. Die Archetypen werden in personifizierter Form sichtbar, z. B. in unseren nächtlichen Träumen (als Priesterin, Köchin, Alter Weiser, Schlange usw.), aber ebenso in immer wiederkehrenden Motiven in der Weltliteratur, der Mythologie und der Religion. Die psychologische Bedeutung der Archetypen ist nach JUNG darin zu sehen, daß sie der bewußtseinsfähigen Seele zwar

nicht unmittelbar, aber indirekt in der Erscheinungs-
form der *Symbole* zugänglich wird. Sie sind Mittler zwischen kollektivem Unbewußten, die Bilder sind dabei
unabhängig vom Betrachter und dessen Lebensgeschichte.

Die von JUNG entwickelte analytische Psychologie
baut auf den oben genannten Grundüberlegungen
auf und weicht in ihren Vorstellungen und Vorge-
hensweisen weit von der ursprünglichen Form der
Psychoanalyse ab. So wird beispielsweise in der Traum-
analyse mit der Methode der *„Amplifikation"* gearbei-
tet: Der Therapeut reichert das Traummaterial des
Patienten mit eigenen Einfällen an, die aus seinem
mythologischen Wissen und seiner symbolkundli-
chen Erfahrung stammen. Die Kindheitsgeschichte
wird nicht in dem Maß systematisch bearbeitet und
der Analytiker verhält sich insgesamt aktiver als in einer FREUD'schen Psychoanalyse: Er wird zu einem
Seelenführer durch das persönliche und kollektive
Unbewußte seines Patienten. Die „Deutsche Gesellschaft für Analytische Psychologie (DGAP)" mit den
ihr zugehörigen Ausbildungsinstituten vertritt dieses
Therapieverfahren in der Bundesrepublik Deutschland.

Neben diesen beiden wichtigen Abwandlungen der
Psychoanalyse gibt es eine Vielzahl anderer Schulen,
die sich von der klassisch-orthodoxen Analyse
FREUD's ableiten, aber getrennt weiterentwickelt
haben. Wer sich darüber ausführlicher informieren
möchte, sei auf die Übersichten von FAGES (1976)
und WYß (1966) hingewiesen.

– 13 –
Für wen ist die Psychoanalyse
die geeignete Behandlungsform?

Bei der Frage, *welche* seelischen Störungen mit tiefenpsychologischen Methoden behandelt werden können, spielen eine Vielzahl unterschiedlichster Faktoren eine Rolle. Wie in den Kap. 2 und 3 beschrieben,
können seelische Konflikte, Entwicklungsdefizite
und verfehlte Lernvorgänge ihren Ausdruck in unter-
schiedlichsten Krankheitsbildern finden: Von neurotischen, konversionsneurotischen und funktionellen
bis hin zu somato-psychosomatischen Störungen.

Der Vielzahl an Symptombildern und Störungsformen steht eine breite Palette an psychoanalytischen
Behandlungsverfahren zur Verfügung (siehe Kap.
10). In den meisten Fällen wird für den jeweiligen
Einzelfall entschieden, ob und wenn ja, welche Therapieform dem Patienten angeboten wird. So wird
man einer Studentin mit akutem Prüfungsversagen
eher eine Fokaltherapie statt einer langfristig orientierten Psychoanalyse im Liegen anbieten. Einem Patienten mit einer Angstneurose und einer sich dadurch immer mehr einengenden Bewegungsfreiheit
wird man eher zu einer stationären Gruppenpsycho-
therapie raten. Einem anderen Patienten, der den
Wunsch äußert, die Ursachen seiner immer wieder

auftretenden Beziehungsprobleme zu ergründen, wird vielleicht eine Psychoanalyse angeboten. Bei der Indikationsstellung (Wahl des Psychotherapieverfahrens) sind also u. a. Faktoren wie die Belastungsfähigkeit des Patienten, seine Motivation zur Psychotherapie, die äußeren Lebensbedingungen und die zeitlichen Perspektiven von Bedeutung.

Grundsätzlich gilt, daß es bei einer tiefenpsychologisch orientierten Therapie nicht nur um die erfolgreiche Beseitigung eines Symptoms geht; Psychoanalytiker gehen ja von der Überzeugung aus, daß das Symptom eine unbewußte Bedeutung hat und nicht isoliert behandelt werden kann. Soll es lediglich um eine Symptombeseitigung gehen, können andere Therapieverfahren wie z. B. die Verhaltenstherapie schneller zu einem Erfolg kommen. Der Patient muß also bereit sein, sich an der Aufdeckung dieser Hintergründe zu beteiligen und seine Lebensgeschichte und aktuelle Lebenssituation näher zu betrachten. Dazu gehört ein ausreichendes Maß an Motivation, denn eine aufdeckende Therapie wird nicht immer nur einfach und unkompliziert verlaufen.

Zu den weiteren Voraussetzungen für eine psychoanalytische Behandlung gehört die Fähigkeit zur *„therapeutischen Ich-Spaltung"*. Mit diesem kompliziert wirkenden Fachbegriff ist folgende Eigenschaft gemeint: Wer z. B. ohne Blickkontakt zu einem Gegenüber entspannt auf einer Behandlungscouch liegt und sich seinen spontan aufsteigenden Empfindungen und Einfällen hingibt, kann auf diesem Weg in kindliche Erlebensformen zurückkehren. Dieser Prozeß wird als Regression bezeichnet. Er ist notwendig, um an die Wurzeln einer neurotischen Erkrankung herankommen zu können; gleichzeitig soll jedoch das vernünftige, erwachsene Ich des Patienten nicht vollkommen aufgehoben werden. Es sollte dem Patienten möglich sein, in der Behandlungsstunde aus der Kindheit aufsteigende Gefühle auf den Analytiker übertragen zu können und sich mit etwas Distanz sagen zu können: „Ich empfinde gerade meinem Therapeuten gegenüber dieses Gefühl, aber das ist vielleicht Teil meiner Neurose und ich muß zu verstehen versuchen, woher dieses Gefühl stammt." Die Fähigkeit der Spaltung des Ichs zwischen einem erlebenden sowie einem beobachtenden und analysierenden Teil ist eine unumgängliche Voraussetzung für eine aufdeckende Therapie.

– 14 –
Wie finde ich einen qualifizierten Therapeuten?

In der Bundesrepubik Deutschland dürfen nur Ärzte und Psychologen mit einem abgeschlossenen Hochschulstudium eine psychoanalytische Ausbildung absolvieren. Sie umfaßt eine mehrjährige berufsbegleitende Ausbildung; zentraler Bestandteil ist eine eigene Lehranalyse von in der Regel mehr als 600 Stunden, die ein umfassendes Verständnis und Kenntnisse der eigenen Persönlichkeit und Lebensgeschichte ermöglichen soll. Dieser Teil der Ausbildung soll auch den Patienten vor (ungewollten) Schädigungen durch seinen Therapeuten schützen: Auch Psychoanalytiker haben neurotische Persönlichkeitsanteile, die ohne Aufarbeitung dazu führen könnten, daß der Therapeut unbewußt Übertragungen auf seine Patienten vornimmt. Die Lehranalyse ermöglicht, mit den eigenen neurotischen Anteilen konstruktiv umzugehen und sie nicht in der Beziehung zu Patienten unbewußt auszuleben. Ergänzend kommen theoretischer Unterricht sowie die Behandlung von Ausbildungsfällen unter regelmäßiger Supervision dazu. Durch diese umfassende Ausbildung soll der zukünftige Psychoanalytiker in die Lage versetzt werden, sich in die Lebensgeschichte und Konflikte verschiedenster Menschen hineinfühlen und hineindenken zu können. Nach einer Abschlußprüfung steht dem Ausbildungskandidaten die Möglichkeit offen, ordentliches Mitglied in einer der psychoanalytischen Fachgesellschaften zu werden.

In der Bundesrepublik Deutschland existieren mehrere psychoanalytische Fachgesellschaften: Die Deutsche Psychoanalytische Fachgesellschaft e.V. (DPG), die bereits 1910 gegründet wurde und damit die älteste Gruppierung darstellt. Die Deutsche Psychoanalytische Vereinigung (DPV) wurde nach dem 2. Weltkrieg begründet; daneben besteht die Deutsche Gesellschaft für Analytische Psychologie (DGAP) sowie die Deutsche Gesellschaft für Individualpsychologie (DGIP). Die Deutsche Gesellschaft für Psychoanalyse, Psychotherapie, Psychosomatik und Tiefenpsychologie e.V. (DGPT) stellt eine Dachgesellschaft dar, in der sich Mitglieder der o. g. Fachgesellschaften und weitere Psychoanalytiker zusammengeschlossen haben. Je nach Zugehörigkeit und entsprechender Ausbildung wird der Therapeut seinem zukünftigen Analysanden vielleicht unterschiedliche Behandlungsangebote machen: Ein der DPV angehörender Psychoanalytiker mag eine Behandlung im Liegen mit mindestens vier Stunden pro Woche bevorzugen, ein Mitglied der DPAG eher eine Behandlung im Sitzen mit ein bis zwei Wochenstunden. Der Anhang dieses Buches enthält ein Adressenverzeichnis der psychoanalytischen Gesellschaften und ihrer Ausbildungsinstitute, bei denen man sich nach in der Nähe niedergelassenen Psychoanalytikern erkundigen kann.

Wird einem Patienten von der Ambulanz eines der Institute ein Ausbildungskandidat als Therapeut empfohlen, bedeutet dies keine Benachteiligung. Die Behandlungen, die während der Ausbildung durchgeführt werden, finden erst zu einem fortgeschrittenen Zeitpunkt der Ausbildung statt und werden regelmäßig mit einem erfahrenen Kontrollanalytiker durchgesprochen. Die Ausbildungsteilnehmer verfügen zudem in der Regel bereits über mehrjährige Berufserfahrung und engagieren sich bei ihren „Ausbildungsfällen" in besonderer Weise. Wie bei den „alten Hasen" unter den Therapeuten kommt es auch bei den Ausbildungskandidaten auf die Qualität der Beziehung an, die sie zum Patienten herstellen können.

Es gibt auch niedergelassene Therapeuten, die psychoanalytisch arbeiten, ohne eine ordnungsgemäße Ausbildung an einem der von den psychoanalytischen Fachverbänden anerkannten Ausbildungsinstitute absolviert zu haben. Sie werden von ihren Kollegen etwas herablassend als „wilde Analytiker" bezeichnet. Dabei leisten viele von ihnen ebenso qualifizierte Arbeit und engagieren sich in gleicher Weise für ihre Patienten. Im Einzelfall kann nur der persönliche Eindruck bei der Entscheidung helfen, ob man sich auf ein Behandlungsbündnis einlassen will oder nicht.

In manchen Fällen kann auch Ihr Hausarzt eine persönliche Empfehlung aussprechen oder Ihnen einige Adressen von ihm bekannten Psychotherapeuten vermitteln. Man kann auch selbst im Branchenverzeichnis unter dem Stichwort „Ärzte für Psychotherapie" bzw. „Psychotherapie" nach Eintragungen suchen. Häufig geben Psychoanalytiker den entsprechenden Zusatztitel „Psychoanalyse" hinter ihrem Namen an. Oder man wendet sich an die für das jeweilige Wohngebiet zuständige Geschäftsstelle der Kassenärztlichen Vereinigung(KV), die Listen ausgebildeter und zur Abrechnung mit den Krankenkassen befugter Behandler führen. Eine weitere Möglichkeit besteht darin, die eigene Krankenkasse anzusprechen. Diese verfügt in vielen Fällen ebenfalls über entsprechende Verzeichnisse zugelassener Psychoanalytiker.

Mit Beginn einer Psychoanalyse läßt sich der Patient auf eine möglicherweise jahrelange intensive Beziehung zu einem anderen Menschen ein. Eine mißlungene Therapie oder ein Abbruch der Behandlung können tiefgreifende Gefühle des Versagens, von Selbstzweifeln und der Entmutigung zur Folge haben. Man sollte sich daher nur einem gut ausgebildeten und qualifizierten Psychoanalytiker anvertrauen. Trotzdem bleibt der Einstieg in eine Therapie ein Wagnis - sowohl für den Patienten als auch den Psychoanalytiker. Ob die Behandlung Erfolg haben wird, hängt sehr stark von der Beziehung ab, die sich zwischen Patient und Therapeut entwickelt. Dessen Persönlichkeit spielt neben einer qualifizierten Ausbildung daher ebenfalls eine große Rolle. Kein Analytiker kann übrigens mit jedem Patienten gleich gut arbeiten. Erfahrene Behandler kennen ihre Grenzen und werden einen Klienten gegebenenfalls lieber zu einem Kollegen überweisen, statt in Alles-Könner-Leidenschaft oder Allmachtsansprüche zu verfallen.

Trotz einer zunehmenden Zahl in eigener Praxis arbeitender Psychoanalytiker ist es immer noch schwierig, einen freien Behandlungsplatz zu finden. Die meisten Therapeuten sind in den Großstädten niedergelassen. Im ländlichen Raum müssen oft weite Wegstrecken in Kauf genommen werden, um überhaupt einen Behandlungsplatz zu finden. Man muß außerdem damit rechnen, nicht sofort mit einer Psychoanalyse beginnen zu können, sondern eine Wartezeit von einigen Wochen bis zu mehreren Monaten in Kauf nehmen zu müssen. Oder aber man wird an Kollegen weiterverwiesen, die bei Nachfrage aber ebenfalls auf lange Zeit besetzt sind. Die Suche kann deshalb zunächst zu einem frustrierenden Erlebnis von Absagen und damit verbundenen Kränkungen werden. Dieser Sachverhalt wird jedoch verständlich, wenn man sich vor Augen hält, daß jeder Therapeut für jeden der von ihm behandelten Patienten durchschnittlich zwischen zwei und drei Wochenstunden benötigt und er daher nur eine geringe Gesamtzahl von Behandlungsplätzen anbieten kann. Wegen der langen Ausbildungsdauer und der begrenzten Ausbildungskapazitäten wird sich daran auch in den nächsten Jahren kaum etwas ändern.

Befindet sich ein Patient in einer akuten Krise, werden ihm manchmal auch von dem Therapeuten kurzfristig mehrere Stunden zur Stützung angeboten, um ihm in der Situation Halt zu geben, während die langfristige Behandlung erst später beginnt. Oder er führt mit ihm in größeren Abständen Einzelgespräche, damit er die Wartezeit besser überbrücken kann.

Kosten und Dauer einer Psychoanalyse

Seit 1967 werden in der Bundesrepublik Deutschland die analytische Psychotherapie und die tiefenpsychologisch fundierte Psychotherapie als Behandlungsmethoden seelischer Krankheiten anerkannt und die Kosten von den gesetzlichen Krankenkassen übernommen. Daher hat jeder Patient, für den es aus medizinischen Gründen erforderlich erscheint, ein Anrecht auf eine qualifizierte psychotherapeutische Behandlung. Trotzdem bestehen je nach Versicherungsträger unterschiedliche Regelungen, in welchem Rahmen eine Finanzierung übernommen wird und wie sie beantragt werden kann. Allen Regelungen ist gemeinsam, daß sie den Leistungsumfang der Psychotherapie begrenzen, d. h. nur eine je nach Verfahren bestimmte Zahl von Behandlungsstunden bewilligen. An diesem „Antragsverfahren" wird allerdings auch erkennbar, welcher Stellenwert der psychotherapeutischen Versorgung im Gesundheitswesen zugestanden wird: Es gibt kaum einen anderen Sektor in der Medizin, in dem ähnlich wie für eine Psychotherapie zunächst begutachtet werden müßte, ob eine entsprechende Behandlung angemessen erscheint oder nicht.

Behandlungsziel ist für die Versicherungsträger vor allem die Linderung bzw. Heilung einer neurotischen Erkrankung. Die Förderung persönlicher Reife und

Integrität, psychischer Belastbarkeit oder Durchsetzungsfähigkeit gilt nicht als Krankenbehandlung. Bei einer weiterführenden Therapie muß der Patient daher die anfallenden Kosten selbst übernehmen.

Die gesetzlichen Krankenkassen haben gemeinsame Richtlinien zur Erstattung von psychotherapeutischen Leistungen vereinbart. Die Höchstgrenzen der bewilligbaren Sitzungszahlen sind vom beantragten Therapieverfahren abhängig: Für Kurzzeittherapien können bis zu 25 Behandlungsstunden oder bei Halbierung der Stunden 50 Therapiesitzungen beantragt werden. Bei der tiefenpsychologisch fundierten Psychotherapie werden in der Regel insgesamt etwa 100 Stunden, bei der analytischen Psychotherapie bis zu 240 Stunden (Höchstgrenze 300 Stunden) bewilligt. Bei Langzeittherapien werden nicht alle Stunden auf einmal bewilligt, sondern es muß nach einer Reihe von Stunden ein Fortführungsantrag gestellt werden. Die privaten Krankenversicherungen haben im Gegensatz dazu sehr unterschiedliche Regelungen vorgenommen. Es empfiehlt sich, schon vor der Kontaktaufnahme zu einem Psychotherapeuten oder während der ersten Sitzungen persönlichen Kontakt zu dem jeweiligen Krankenkassen-Sachbearbeiter aufzunehmen und eine Klärung herbeizuführen. Beihilfeberechtigte können ebenfalls einen Antrag auf Kostenerstattung stellen.

Die psychoanalytische *Paartherapie* alleine gilt nach den Psychotherapierichtlinien - auch bei Vorliegen einer neurotischen Störung eines oder beider Partner - nicht als Bestandteil der Kassenärztlichen Versorgung und kann daher nicht mit den Krankenkassen abgerechnet werden. Dies gilt ebenso für die analytisch orientierte *Familientherapie* und die *Sexualtherapie;* beide stellen Weiterentwicklungen bzw. Modifikationen der Psychoanalyse dar, werden jedoch leider bisher nicht von den Krankenkassen als Behandlungsverfahren anerkannt.

Die *Dauer* einer psychoanalytischen Behandlung ist von der angewandten Methode abhängig: Eine Psychoanalyse wird bei drei Wochenstunden etwa zwei bis vier Jahre dauern (d. h. zwischen 200 und 400 Stunden), eine tiefenpsychologisch fundierte Psychotherapie im Sitzen mit einer Behandlungsstunde pro Woche zwischen ein und zwei Jahren. Der Psychoanalytiker wird seinem Klienten nach dem Abschluß der diagnostischen Gespräche die Anzahl der wöchentlichen Stunden vorschlagen, die er für günstig hält - auch damit dieser abschätzen kann, mit welchem Behandlungszeitraum er insgesamt rechnen muß.

Bei einer Psychoanalyse wird er zu Bedenken geben, daß der Interessent sich für einen Zeitraum von etwa drei Jahren festlegen muß, während denen die Behandlung stattfindet. In diesem Zusammenhang sollte auch erwogen werden, ob und wie eine Weiterfinanzierung der Analyse möglich sein könnte, falls dieser nach dem Ablauf der von der Krankenkasse bewilligten Stunden die Behandlung fortführen will.

Im Vergleich mit anderen Therapieverfahren erscheint die *Dauer* einer psychoanalytischen Behandlung als sehr lang; das steht damit in Zusammenhang, daß es bei dieser Behandlungsform nicht um die isolierte Beseitigung eines oder mehrerer Krankheitssymptome geht, sondern um einen tiefgreifenden Einblick in die eigene Entwicklungsgeschichte und eine teilweise Veränderung der Gesamtpersönlichkeit.

Das Ende einer Therapie wird von einer Vielzahl von Faktoren bestimmt: Den durch die Therapie von Patient und Analytiker erfolgten Veränderungen, der Dauer der Finanzierung durch die Krankenkasse, der Änderung äußerer Lebensumstände wie einem beruflich notwendig werdenden Wohnortwechsel usw. Am Ende einer erfolgreichen Analyse haben sich vielleicht nicht so sehr die Wünsche eines Patienten geändert - eher die Erwartungen, wie andere Menschen auf seine Wünsche reagieren werden. Daraus resultieren für die Gestaltung bestehender und zukünftiger Beziehungen mehr innere Freiheiten. In vielen Fällen werden nicht alle Konfliktbereiche vollkommen ausgeräumt sein, manches unvollständig verstanden bleiben. Manchmal tauchen in der Abschlußphase einer Therapie die alten Krankheitssymptome nochmals auf - oft als Ausdruck dessen, wie schwer der Abschied fällt, und des unbewußten

Wunsches an den Analytiker, noch eine Weile bleiben zu dürfen. Das sollte Ihnen keine Angst machen - der Abschied kann trotzdem bearbeitet und das Ende der Behandlung eingeleitet werden, denn ein Effekt einer tiefenpsychologisch orientierten Therapie wurde bisher nicht erwähnt: Im Laufe der Zusammenarbeit zwischen Behandler und Patient identifiziert sich dieser mit der analytischen Sicht- und Arbeitsweise seines Therapeuten, verinnerlicht sie und nimmt sie mit sich. Er wird auch ohne die regelmäßigen Behandlungsstunden in Zukunft immer wieder selbst versuchen, sein Unbewußtes zu ergründen und mit neu auftretenden Konflikten adäquat umzugehen. FREUD sprach in diesem Zusammenhang vom Übergang der endlichen (therapeutischen) in die unendliche (vom Patienten in Zukunft selbst durchgeführte Eigen-) Analyse. Ein Patient beschreibt diesen Prozess der Verinnerlichung im Rückblick so:

„Irgendwann im Laufe der Therapie gab es immer häufiger Situationen, in denen ich mir vorgestellt habe, was mein Analytiker wohl sagen oder in meiner Situation tun würde. Ich redete sozusagen außerhalb meiner Therapiestunden in Gedanken mit ihm, wenn er nicht verfügbar war. Inzwischen stelle ich mir einfach die Frage: Wie gehe ich am besten damit um? und verhalte mich entsprechend."

Sie kennen vielleicht den beeindruckenden Roman von HANNA GREEN (1964) über die Psychotherapie eines psychotischen Mädchens: „Ich habe Dir nie einen Rosengarten versprochen." Der Titel gilt in gleicher Weise für eine psychoanalytisch orientierte Psychotherapie: Sie kann belastende Geschehnisse und Beeinträchtigungen in unserer Kindheit nicht ungeschehen machen – aber sie kann uns von den verinnerlichten elterlichen Vorstellungen und Phantasien befreien, die uns gefangen halten und unsere inneren Freiheiten einschränken. Vielleicht kann sie auch unserer eigenen Lebensgeschichte einen Sinn verleihen. Sie kann uns liebesfähiger, genußfähiger und auch durchsetzungsfähiger machen. Aber: Sie kann uns nicht zu sorgenfreien und glücklichen Menschen machen. FREUD hat in der ihm eigenen Skepsis dazu geäußert: Die durch eine Psychoanalyse zu gewinnende Gesundheit sei kein Zustand von Freiheit von Leid. Kein Rosengarten also!

Weiterführende Literatur

1. Allgemeine Grundlagen der Psychoanalyse

Elhardt, S. (1971): Tiefenpsychologie. Eine Einführung.
  Kohlhammer, Stuttgart, 8. Auflage 1982.
Fages, JB. (1976): Geschichte der Psychoanalyse nach Freud.
  Ullstein, Frankfurt, 1981.
Hoffmann, SO. Hochapfel, G. (1984:) Einführung in die
Neurosenlehre und Psychosomatische Medizin.
  Schattauer, Stuttgart, 2. Auflage.
Koester, PH. (1985): Die Erforscher der Seele.
Wie die Psychoanalyse die Macht des Unbewußten entdeckte.
  Gruner & Jahr, Hamburg.
Kutter, P. (1989): Moderne Psychoanalyse.
Eine Einführung in die Psychologie unbewußter Prozesse.
  Verlag Internationale Psychoanalyse, München, Wien.
Mertens, W. (1981): Psychoanalyse.
  Kohlhammer, Stuttgart, 3. Auflage 1990.
Schmidbauer, W. (1988): Liebeserklärung an die Psychoanalyse.
  Rowohlt, Reinbek.
Wyß, D. (1966): Die tiefenpsychologischen Schulen
von den Anfängen bis zur Gegenwart.
  Vandenhoeck & Ruprecht, Göttingen.

2. Psychoanalyse als Behandlungsverfahren:

Mertens, W. (1991): Einführung in die psychoanalytische
Therapie. Band 1 - 3.
  Kohlhammer, Stuttgart.

3. Falldarstellungen von psychoanalytischen Behandlungen:

Cardinal, M. (1990): Schattenmund.
  Fischer, Frankfurt.
Kürsteiner, G. (1983): Der Hexenwahn.
Geschichte einer Psychoanalyse.
  Novalis, Schaffhausen.

Moser, T. (1974): Lehrjahre auf der Couch.
   Suhrkamp, Frankfurt.
Winnicott, DW. (1972): Bruchstück einer Psychoanalyse.
   Klett-Cotta, Stuttgart, 1982.

4. Kritisches zur Psychoanalyse:

Eschenröder, CT. (1986): Hier irrte Freud.
Zur Kritik der psychoanalytischen Theorie und Praxis.
   Psychologie-Verlags-Union, München, Weinheim, 2. Auflage.
Hemminger, H. J., Becker, V. (1985): Wenn Therapien schaden.
   Rowohlt, Reinbek.
Masson, JM. (1988): Die Abschaffung der Psychotherapie.
   Bertelsmann, München, 1991.
Miller, A. (1981): Du sollst nicht merken.
   Suhrkamp, Frankfurt.
Zimmer, D. (1986): Tiefenschwindel.
   Rowohlt, Reinbek, 1990.

Nützliche Adressen

Bei den nachfolgend aufgeführten Adressen von psychoanalytischen Fachgesellschaften und Ausbildungsinstituten können Sie sich nach in Ihrer Nähe niedergelassenen Psychoanalytikern erkundigen:

Fachgesellschaften:

Deutsche Gesellschaft für Psychoanalyse, Psychotherapie, Psychosomatik und Tiefenpsychologie e.V. (DGPT), Johannisbollwerk 20,
2000 Hamburg 11, Tel. (0 40) 3 19 26 19

Deutsche Psychoanalytische Gesellschaft (DPG)
z. Hd. Prof. Dr. Michael Ermann,
Nußbaumstraße 7, 8000 München 2

Deutsche Psychoanalytische Vereinigung (DPV),
Geschäftsstelle, Sulzaerstraße 3,
1000 Berlin 33, Tel. (0 30) 8 26 45 47

Deutsche Gesellschaft für Analytische Psychologie (DGAP), Geschäftsstelle, 1000 Berlin 46,
Wedellstraße 16/18, Tel. (0 30) 7 74 55 61

Deutsche Gesellschaft für Individualpsychologie (DGIP), Geschäftsstelle, 8000 München 19,
Ruffinistraße 10, Tel. (0 89) 1 68 80 68

Ausbildungsinstitute:
(Ortsnamen alphabetisch geordnet)

Alfred-Adler-Institut
  5100 Aachen, Ottostr. 88-90, Tel. (02 41) 51 19 26

Institut für Psychotherapie e.V. 1000 Berlin 33
  Koserstr. 8-12, Tel. (0 30) 8 31 43 63

Berliner Psychoanalytisches Institut,
Karl-Abraham-Institut e.V.
  1000 Berlin 33, Sulzaerstr. 3, Tel. (0 30) 8 26 45 40

Institut für Psychoanalyse, Psychotherapie
und Psychosomatik Berlin e.V.
  1000 Berlin 21, Helgoländer Ufer 5,
  Tel. (0 30) 3 93 48 58

Weiterbildungsseminar für Psychotherapie,
Psychosomatische Medizin und Psychoanalyse
im Klinikum Charlottenburg,
Fachbereich 3 der Freien Universität Berlin
  1000 Berlin 19, Spandauer Damm 130,
  Tel. (0 30) 30 35 24 08

C. G. Jung Institut Berlin e.V.
  1000 Berlin 46, Wedellstr. 16/18,
  Tel. (0 30) 7 74 55 61

Bremer Arbeitsgruppe für Psychoanalyse und
Psychotherapie e.V.
  2800 Bremen 1, Am Dobben 21,
  Tel. (04 21) 32 47 29

Alfred-Adler-Institut-Nord e.V.
  2870 Delmenhorst, Bismarckstr. 26,
  Tel. (0 42 21) 1 72 37

Institut für Psychoanalyse und Psychotherapie
Düsseldorf e.V.
  4000 Düsseldorf 12, Bergische Landstr. 2,
  Tel. (02 11) 2 80 15 56

Alfred-Adler-Institut e.V.,
Weiterbildungsinstitut der DGIP e.V.
  4000 Düsseldorf, Schützenstr. 52
  Tel. (02 11) 9 35 77 73

Sigmund-Freud-Institut, Ausbildungs- und
Forschungsinstitut für Psychoanalyse
   6000 Frankfurt, Myliusstr. 20, Tel. (0 69) 72 92 45

Institut für Psychoanalyse und Psychotherapie e.V.
   7800 Freiburg, Kaiser-Joseph-Str. 239,
   Tel. (07 61) 3 69 33

Psychoanalytisches Seminar Freiburg e.V. (DPV)
   7800 Freiburg, Schwaighofstr. 6, Tel. (07 61) 7 72 21

Institut für Psychoanalyse und Psychotherapie
Gießen e.V.
   6300 Gießen, Ludwigstr. 73, Tel. (06 41) 7 45 27

Institut für Psychoanalyse und Psychotherapie
Göttingen e.V.
   3400 Göttingen, Wilhelm-Weber-Str. 24,
   Tel. (05 51) 4 26 96

Michael-Balint-Institut,
Institut für Psychoanalyse und Psychotherapie
   2000 Hamburg 76, Averhoffstr. 7,
Tel. (0 40) 2 91 88 38 40

Institut für Psychoanalyse und Psychotherapie
Hamburg e.V. der Arbeitsgruppe Hamburg der
Deutschen Psychoanalytischen Gesellschaft e.V.
   2000 Hamburg 13, Schlüterstr. 18,
   Tel. (0 40) 44 49 81

Lehrinstitut für Psychotherapie und Psychoanalyse e.V.
   3000 Hannover 71, Jöhrensstr. 5,
Tel. (05 11) 51 71 40

Institut für Psychotherapie und Psychoanalyse
Heidelberg/Mannheim e.V.
   6900 Heidelberg, Alte Bergheimer Str. 5,
   Tel. (0 62 21) 18 43 45

Institut für Psychoanalyse der Arbeitsgemeinschaft
Heidelberg-Karlsruhe (DPV)
  6900 Heidelberg, Vangerowstr. 23,
  Tel. (0 62 21) 16 77 23

Alexander-Mitscherlich-Institut,
Kasseler Psychoanalytisches Institut e.V.
  3500 Kassel, Karthäuserstr. 5a, Tel. (05 61) 77 96 20

Institut für analytische Psychotherapie
im Rheinland e.V.
  5000 Köln 1, Hohenstaufenring 58,
  Tel. (02 21) 4 00 97 17

Psychoanalytische Arbeitsgemeinschaft
Köln-Düsseldorf e.V. (DPV)
  5000 Köln 1, Dagobertstr. 35/37, Tel. (02 21) 13 59 01

Akademie für Psychoanalyse und Psychotherapie e.V.
  8000 München 2, Pettenkoferstr. 22 G,
  Tel. (0 89) 5 38 05 16

Alfred-Adler-Institut für Individualpsychologie e.V.
  8000 München 19, Dall' Armistr. 24,
  Tel. (0 89) 17 60 91

Münchner Arbeitsgemeinschaft für Psychoanalyse
M.A.P.
  8000 München 40, Bauerstr. 15, Tel. (0 89) 2 71 59 66

Psychoanalytische Arbeitsgemeinschaft
München e.V. (DPV)
  8905 Mehring, Theodor-Heuss-Str. 3,
  Tel. (0 82 23) 3 07 77

C. G. Jung Institut Stuttgart e.V.
  7000 Stuttgart 1, Alexanderstr. 92,
  Tel. (07 11) 24 28 29

Stuttgarter Akademie für Tiefenpsychologie
und analytische Psychotherapie e.V.
  7000 Stuttgart 1, Hohenzollernstr. 26,
  Tel. (07 11) 6 48 52 21

Psychoanalytisches Lehr- und Forschungsinstitut
„Stuttgarter Gruppe" e.V.
  7000 Stuttgart 1, Hohenzollernstr. 26,
  Tel. (07 11) 6 48 52 21

Psychoanalytische Arbeitsgemeinschaft
Stuttgart-Tübingen (DPV)
  7000 Stuttgart 70, Kiefernweg 2,
  Tel. (07 11) 76 07 17

Institut für Psychoanalyse und Psychotherapie der
„Arbeitsgruppe Stuttgart der Deutschen
Psychoanalytischen Gesellschaft e.V."
  7033 Herrenberg, Alzentalstr. 27,
  Tel. (07 11) 6 48 52 21 bzw. (0 74 83) 12 21

Psychoanalytische Arbeitsgemeinschaft Ulm
  7900 Ulm, Am Hochsträß 8, Tel. (07 31) 1 76 29 81

Institut für Psychoanalyse und Analytische
Psychotherapie Würzburg e.V.
  8700 Würzburg, Johann-Herrmann-Str. 37,
  Tel. (09 31) 28 57 58